KB189514

빠알리 원전 번역

숫따니빠따

표지 사진(출처: 메트로폴리탄 박물관)

간다라(현재 파키스탄) 지방에서 발견된 이 조각은 불교 역사의 가장 중요한 순간을 실감 있게 담고 있다. 기원전 3세기의 아소카 왕은 아프가니스탄까지 영토를 넓히고, 이곳뿐 아니라 그리스 등 온 사방에 불교를 전파하였다. 그 영향으로 비단길의 요충지였던 간다라 지방에서는 불교가 융성했고, 거의 모든 사람이 열성적인 불교 신도가 되었다. 그래서 인도에서는 감히 불상을 만들지도 못한 때인 기원전 2세기에, 간다라인들은 불상을 처음으로 만들었다.

기원전 2세기의 이 조각은 간다라인들에게 깊이 새겨진 "부처님이, 사르나트 사슴동산에서, 다섯 명의 비구들에게, 가장 처음으로 '가르침의 바퀴'(법륜)를 굴리셨다."는 가르침을 담고 있다.

법륜은 가르침의 상징인데, 간다라인들은 부처님이 직접 손으로 바퀴를 굴리는 조각을 하였다. 법륜은 부처님의 가르침이 수레바퀴가 굴러가듯이 끊임없이 퍼져 나가는 것을 상징한다. 부처님 오른쪽 뒤의 인물은 부처님을 보호하는 신(yakkha)으로, 금강저를 들고 있다.

빠알리 원전 번역
숫따니빠따
SUTTA-NIPĀTA

일아 옮김

불광출판사

Namo tassa bhagavato arahato sammāsambuddhassa

거룩한 분
존경받아 마땅한 분
바르게 깨달으신 분께
귀의합니다.

지극한 존경의 표시로, 경전에는 부처님 발에 머리를 대어 예경을 하는 내용이 자주 나온다. "이들 300명의 비구들이 합장하고 서 있습니다. 발을 내십시오. 영웅이시여, 코끼리들은 스승께 예경드립니다."(게송 573) "큰 감동으로 압도되어 브라흐민 학인들은 사슴 가죽을 한쪽 어깨에 걸치고 (부처님의) 두 발에 머리를 대어 절하였다."(게송 1027) 스리랑카의 아우카나 붓다상(Aukana Buddha)에 예경하는 사진이다.

머리말

숫따니빠따는 전체 빠알리 삼장 중에서 그 성립 연대가 가장 오래된 경전이다. 바이라트 각문에 새겨진, 아소까 왕이 추천하는 일곱 개의 경전 중에서 세 개가 숫따니빠따의 것으로, 역사적으로도 그 중요성이 일찍이 증명된 경전이다. 상좌불교 전통의 나라에서 예불, 의식, 각종 예식, 축복, 방문 시에 독송이나 합송으로 가장 많이 애독되는 경전이다.

이 경전을 읽으면 마치 승원이 존재하기도 전, 아주 초창기 출가자의 삶을 보는 것 같다. 그들은 숲에서 정진하고, 탁발하고, 부처님의 가르침에 따라 수행하는 순수하고, 소박하고, 청빈한 무소유의 삶을 살았다. 그러니 이런 삶에서 우러난 가르침의 게송 또한 단순하고, 소박하고, 순수할 수밖에 없다.

그러나 이처럼 순수하고 소박한 게송은 그 어떤 화려한

문장보다도, 그 어떤 논리적으로 뛰어난 이론보다도, 읽는 이의 심금을 울린다. 짧은 게송이지만 진리의 정수로 응축되었기 때문이다.

숫따니빠따는 가장 오래된 경전 가운데 하나이기에, 이를 통해 고대의 여러 종교 그룹들의 상황을 볼 수 있다. 최상위 계급으로 군림하며 다른 계층을 멸시하는 브라흐민 계급에 대하여, 부처님은 출생에 의하여 브라흐민이 되는 것이 아니라 행위에 의하여 브라흐민이 된다는 파격적인 선언을 하셨다.

숫따니빠따를 통해 우리는 당시가 사상가들이 난립한 시대였음을 엿볼 수 있다. 논객이라 자처하며 돌아다니면서 논쟁을 벌여 이기는 것을 기뻐하는, 다른 교단의 고행자의 관행을 볼 수 있다. 그리고 숫따니빠따는 고대 사회의 관습과 전통, 지명 등 그 당시의 상황을 아는 데에 중요한 자료가 된다.

또한 숫따니빠따를 통해 부처님 교단이 초창기부터 불일어나듯 발전한 것을 볼 수 있다. 부처님이 깨달음을 얻은 후, 아직 40세도 안 된 지혜와 덕성을 갖춘 '깨달은 성자'에 대한 소문이 아주 널리 퍼졌던 것 같다. 그래서 온 사방에서 사람들이 모여들어 '깨달은 분'을 뵙기를 갈망하였다. 특히 수많은 브라흐민 학인들은 집단으로 부처님을 뵙고, 그들의 의문을 해소하고, 드디어 출가하게 되는 일이 많았다.

브라흐민 뻥기야의 「피안 가는 길의 경」은 그 어떤 경전,

그 어떤 고전의 아름다운 글보다도 더 아름다운 게송으로
읽는 이의 숨을 멈추게 한다. 부처님은 초창기부터 바로 이
런 분이었음을 확실히 알 수 있다.

　이 책의 번역은 다소 문장이 매끄럽지 않더라도, 원문의
격변화에 따라 뜻 그대로 옮기려고 최선을 다하였다. 번역
이 난해한 게송은 많은 숙고를 하여 다른 니까야의 흐름을
따라 의역을 하기도 하였다. 그리고 주석이 붙여지기 이전
의 원래의 순수한 진의를 캐려고 노력하였다.

　한국에서는 이렇게 주옥같이 소중한 숫따니빠따가 일역이
나 영역에 의존해 왔다. 유일한 원전 번역은 전재성 박사의
번역인데 인연담과 주석을 합쳐 방대한 분량이 되었다. 그래
서 대중적으로 접근하기 어려운 상황에서, 『빠알리 원전 번역
숫따니빠따』를 출판하게 되었다. 이 책을 읽는 모든 이들이
순수하고 맑은 게송처럼 순수한 행복과 평안을 길어 가기를
염원해 본다.

2015년 1월 역자

11

차례

머리말 8

1장
뱀의 장 Uraga-vagga[우라가 왁가]

1. 뱀의 경 Uraga-sutta[우라가 숫따] _ 19

2. 다니야의 경 Dhaniya-sutta[다니야 숫따] _ 24

3. 코뿔소 뿔의 경 Khaggavisāṇa-sutta[칵가위사나 숫따] _ 29

4. 까시 바라드와자의 경 Kasibhāradvāja-sutta[까시 바라드와자 숫따] _ 40

5. 쭌다의 경 Cunda-sutta[쭌다 숫따] _ 45

6. 파멸의 경 Parābhava-sutta[빠라바와 숫따] _ 48

7. 천한 사람의 경 Vasala-sutta[와살라 숫따] _ 54

8. 자애의 경 Metta-sutta[멧따 숫따] _ 62

9. 헤마와따의 경 Hemavata-sutta[헤마와따 숫따] _ 65

10. 알라와까의 경 Āḷavaka-sutta[알라와까 숫따] _ 72

11. 승리의 경 Vijaya-sutta[위자야 숫따] _ 77

12. 성자의 경 Muni-sutta[무니 숫따] _ 80

12

2장
작은 장 Cūla-vagga[쭐라 왁가]

1. 보배의 경 Ratana-sutta[라타나 숫따] _87

2. 비린내의 경 Āmagandha-sutta[아마간다 숫따] _93

3. 부끄러움의 경 Hiri-sutta[히리 숫따] _97

4. 큰 축복의 경 Mahāmaṇgala-sutta[마하망갈라 숫따] _99

5. 수찔로마의 경 Sūciloma-sutta[수찔로마 숫따] _103

6. 정의로운 삶의 경 Dhammacariya-sutta[담마짜리야 숫따] _106

7. 브라흐민에게 합당한 것의 경 Brāhmaṇadhammika-sutta
   [브라흐마나담미까 숫따] _109

8. 배의 경 Nāvā-sutta[나와 숫따] _118

9. 어떤 도덕적 행동의 경 Kiṃsīla-sutta[낑실라 숫따] _121

10. 정진의 경 Uṭṭhāna-sutta[웃타나 숫따] _123

11. 라훌라의 경 Rāhula-sutta[라훌라 숫따] _125

12. 왕기사의 경 Vaṅgīsa-sutta[왕기사 숫따] _127

13. 올바른 유행의 경 Sammāparibbājaniya-sutta
    [삼마빠립바자니야 숫따] _132

14. 담미까의 경 Dhammika-sutta[담미까 숫따] _136

3장
큰 장 Mahā-vagga [마하 왁가]

1. 출가의 경 Pabbajjā-sutta [빱바자 숫따] _ 147

2. 정진의 경 Padhāna-sutta [빠다나 숫따] _ 152

3. 잘 설해진 말씀의 경 Subhāsita-sutta [수바시따 숫따] _ 158

4. 순다리까 바라드와자의 경 Sundarikabhāradvāja-sutta
   [순다리까 바라드와자 숫따] _ 161

5. 마가의 경 Magha-sutta [마가 숫따] _ 172

6. 사비야의 경 Sabhiya-sutta [사비야 숫따] _ 181

7. 셀라의 경 Sela-sutta [셀라 숫따] _ 196

8. 화살의 경 Salla-sutta [살라 숫따] _ 212

9. 와셋타의 경 Vasettha-sutta [와셋타 숫따] _ 218

10. 꼬깔리야의 경 Kokaliya-sutta [꼬깔리야 숫따] _ 234

11. 날라까의 경 Nālaka-sutta [날라까 숫따] _ 241

12. 두 가지 관찰의 경 Dvayatanupassana-sutta
    [드와야따누빳사나 숫따] _ 253

4장
여덟의 장 Aṭṭhaka-vagga[앗타까 왁가]

1. 감각적 쾌락에 대한 경 Kāma-sutta[까마 숫따] _277

2. 동굴에 대한 여덟 게송의 경 Guhaṭṭhaka-sutta[구핫타까 숫따] _279

3. 사악한 생각에 대한 여덟 게송의 경 Duṭṭhaṭṭhaka-sutta
   [둣탓타까 숫따] _282

4. 청정한 것에 대한 여덟 게송의 경 Suddhaṭṭhaka-sutta
   [숫닷타까 숫따] _285

5. 최상에 대한 여덟 게송의 경 Paramaṭṭhaka-sutta[빠라맛타까 숫따] _288

6. 늙음의 경 Jarā-sutta[자라 숫따] _291

7. 띳사멧떼이야의 경 Tissametteyya-sutta[띳사멧떼이야 숫따] _294

8. 빠수라의 경 Pasūra-sutta[빠수라 숫따] _297

9. 마간디야의 경 Magandiya-sutta[마간디야 숫따] _300

10. 죽기 전에의 경 Purābheda-sutta[뿌라베다 숫따] _304

11. 다툼과 논쟁의 경 Kalahavivāda-sutta[깔라하위와다 숫따] _308

12. 작은 배열의 경 Cūlaviyūha-sutta[쭐라위유하 숫따] _313

13. 큰 배열의 경 Mahāviyūha-sutta[마하위유하 숫따] _318

14. 서두름의 경 Tuvaṭaka-sutta[뚜와따까 숫따] _324

15. 폭력적인 사람의 경 Attadaṇḍa-sutta[앗따단다 숫따] _329

16. 사리뿟따의 경 Sāriputta-sutta[사리뿟따 숫따] _334

5장
피안 가는 길의 장 Pārāyana-vagga[빠라야나 왁가]

1. 서시 Vatthu-gāthā[왓투 가타] _ 343

2. 아지따의 질문 Ajitamāṇava-pucchā[아지따마나와 뿟차] _ 355

3. 띳사멧떼이야의 질문 Tissametteyyamāṇava-pucchā[띳사멧떼이야마나와 뿟차] _ 358

4. 뿐나까의 질문 Puṇṇakamāṇava-pucchā[뿐나까마나와 뿟차] _ 360

5. 멧따구의 질문 Mettagūmāṇava-pucchā[멧따구마나와 뿟차] _ 363

6. 도따까의 질문 Dhotakamāṇava-pucchā[도따까마나와 뿟차] _ 367

7. 우빠시와의 질문 Upasīvamāṇava-pucchā[우빠시와마나와 뿟차] _ 370

8. 난다의 질문 Nandamāṇava-pucchā[난다마나와 뿟차] _ 373

9. 헤마까의 질문 Hemakamāṇava-pucchā[헤마까마나와 뿟차] _ 376

10. 또데이야의 질문 Todeyyamāṇava-pucchā[또데이야마나와 뿟차] _ 378

11. 깝빠의 질문 Kappamāṇava-pucchā[깝빠마나와 뿟차] _ 380

12. 자뚜깐니의 질문 Jatukaṇṇimāṇava-pucchā[자뚜깐니마나와 뿟차] _ 382

13. 바드라우다의 질문 Bhadrāvudhamāṇava-pucchā[바드라우다마나와 뿟차] _ 384

14. 우다야의 질문 Udayamāṇava-pucchā[우다야마나와 뿟차] _ 386

15. 뽀살라의 질문 Posālamāṇava-pucchā[뽀살라마나와 뿟차] _ 388

16. 모가라자의 질문 Mogharājamāṇava-pucchā[모가라자마나와 뿟차] _ 390

17. 삥기야의 질문 Piṅgiyamāṇava-pucchā[삥기야마나와 뿟차] _ 392

18. 피안 가는 길의 경 Pārāyana-sutta[빠라야나 숫따] _ 394

부록 숫따니빠따 이해를 위한 배경 설명 402

주석 411

일러두기

1. 숫따니빠따 원전은 영국 '빠알리성전협회(Pali Text Society)'의 수정 보완된 판본인 2006년도 판을 사용하였다. 그리고 자야윅크라마(N.A.Jayawickrama)의 원전을 보충하였다. 번역에 참고한 도서는 '빠알리성전협회'의 놀먼(K. R. Norman)의 영역본, 빈센트 파우스뵐(V. Fausaböll)의 영역본, 자야윅크라마(N.A.Jayawickrama)의 영역본, 삿다띳사(Saddhatissa) 장로의 영역본, 타닛사로(Thanissaro) 비구의 영역본, 로드 찰머스(Lord Chalmers)의 영역본, 전재성 박사의 번역을 참고하였다.

2. 역자는 모든 게송을 격변화나 문법에 따라, 단어 하나하나에 주의를 기울여 번역하려고 최대한 노력하였다. 그래서 다소 매끄럽지 않은 문장도 있다.

3. 역자는 주석이 붙여지기 이전의 단순하고 순수한 뜻에 난해한 주석을 붙이는 것을 멀리했다. 왜냐하면 순수한 원뜻을 곡해한, 괜한 덧칠일 수 있기 때문이다.

4. 내용의 이해를 위하여 역자의 견해를 첨가할 때에는 괄호를 사용하였다.

5. 각 경전은 각 장의 번호는 사용치 않고, 전체 게송을 일련번호로 통일하여 찾아보는 데 편리하게 하였다.

6. 문장에서 별로 중요하지 않다고 생각되는 대명사나 수식어는, 때로는 번다함을 피하기 위하여 삭제하기도 하였다.

7. 본문 내용에서 의심의 여지가 있는 것은 세심하게 찾아 주석을 달아 의심이 없도록 하였다.

8. 난해한 게송은 주석에 의존하기보다 초기불교에서 한결같은 가르침을 우선시해서 우리말로 옮겼다.

9. 7쪽의 사진은 오래전에 복사한 것인데 출처를 몰라 그냥 실었습니다. 연락이 닿으면 후사하겠습니다.

1장

뱀의 장

Uraga-vagga
[우라가 왁가]

사진설명_ 산찌 탑의 법륜 조각

산찌 탑은 기원전 250년경 아소까 왕이 건축한 석조로 된 가장 아름다운
부처님 사리탑이다. 기원전 2세기 간다라에서 불상이 처음 만들어지기
전에 인도에서는 감히 부처님 모습을 조각하지 못하고, 불상 대신 부처
님 가르침의 상징인 법륜이나 깨달음을 얻은 보리수나무, 불교 상징인
연꽃, 부처님 발자국 등을 조각하여 예경하였다. 법륜은 '부처님은 바라
나시의 사슴동산에서 다섯 명의 비구들에게 가장 처음으로 가르침의 바
퀴를 굴리셨다.'(상윳따 니까야 56:11)는 불교 역사의 가장 중요한 순간
을 나타내고 있다. 가르침을 수레바퀴로 표현한 것은 부처님의 가르침
이 끊이지 않고 퍼져나감을 상징한다.

1장 1

뱀의 경

Uraga-sutta[우라가 숫따]

1

퍼진 뱀의 독을 약초로 (제거)하듯이, 일어난 분노를 제거
하는 수행자는, 이 세상도 저 세상도[1] 다 버린다. 뱀이 낡고
묵은 허물을 벗어 버리듯.

2

(연못에) 들어가 연꽃을 꽃과 줄기를 모두 꺾듯이, 욕망을
완전히 잘라 버린 수행자는, 이 세상도 저 세상도 다 버린
다. 뱀이 낡고 묵은 허물을 벗어 버리듯.

3

흐르는 급류를 말려 버리듯, 갈애[2]를 완전히 잘라 버린 수행
자는, 이 세상도 저 세상도 다 버린다. 뱀이 낡고 묵은 허물

을 벗어 버리듯.

4

큰 홍수가 연약한 갈대 다리를 부수어 버리듯, 자만을 완전
히 부수어 버린 수행자는, 이 세상도 저 세상도 다 버린다.
뱀이 낡고 묵은 허물을 벗어 버리듯.

5

무화과나무에서 꽃을 찾아도 발견하지 못하듯, 존재들에서
실체[3]를 발견하지 못하는 수행자는, 이 세상도 저 세상도 다
버린다. 뱀이 낡고 묵은 허물을 벗어 버리듯.

6

안으로 성냄이 없고, 어떤 형태의 존재도 초월한 수행자[4]는,
이 세상도 저 세상도 다 버린다. 뱀이 낡고 묵은 허물을 벗
어 버리듯.

7

(그릇된) 생각들이 부수어지고, 안으로 완전히 잘 다듬어진
수행자는, 이 세상도 저 세상도 다 버린다. 뱀이 낡고 묵은
허물을 벗어 버리듯.

8

치달리지도 않고 뒤처지지도 않고, 모든 희론[5]을 벗어난 수행자는, 이 세상도 저 세상도 다 버린다. 뱀이 낡고 묵은 허물을 벗어 버리듯.

9

치달리지도 않고 뒤처지지도 않고, 세상에서 모든 것이 허망하다는 것을 알고, 수행자는 이 세상도 저 세상도 다 버린다. 뱀이 낡고 묵은 허물을 벗어 버리듯.

10

치달리지도 않고 뒤처지지도 않고, 모든 것이 허망하다는 것을 알고 탐욕에서 벗어난 수행자는, 이 세상도 저 세상도 다 버린다. 뱀이 낡고 묵은 허물을 벗어 버리듯.

11

치달리지도 않고 뒤처지지도 않고, 모든 것이 허망하다는 것을 알고 욕망에서 벗어난 수행자는, 이 세상도 저 세상도 다 버린다. 뱀이 낡고 묵은 허물을 벗어 버리듯.

12

치달리지도 않고 뒤처지지도 않고, 모든 것이 허망하다는 것을 알고 성냄에서 벗어난 수행자는, 이 세상도 저 세상도

다 버린다. 뱀이 낡고 묵은 허물을 벗어 버리듯.

13
치달리지도 않고 뒤처지지도 않고, 모든 것이 허망하다는
것을 알고 어리석음에서 벗어난 수행자는, 이 세상도 저 세
상도 다 버린다. 뱀이 낡고 묵은 허물을 벗어 버리듯.

14
어떤 잠재적 경향도 없고, 악행의 뿌리를 뽑아 버린 수행자
는, 이 세상도 저 세상도 다 버린다. 뱀이 낡고 묵은 허물을
벗어 버리듯.

15
이 세상에 돌아오는 원인이 되는 고뇌에서 생긴 어떤 것도
없는 수행자는, 이 세상도 저 세상도 다 버린다. 뱀이 낡고
묵은 허물을 벗어 버리듯.

16
다시 태어나도록 얽어매는 원인이 되는 욕망에서 생긴 어떤
것도 없는 수행자는, 이 세상도 저 세상도 다 버린다. 뱀이
낡고 묵은 허물을 벗어 버리듯.

17

다섯 가지 장애[6]를 버리고, 흔들림이 없고, 의혹을 극복하고, 괴로움을 벗어난 수행자는, 이 세상도 저 세상도 다 버린다. 뱀이 낡고 묵은 허물을 벗어 버리듯.

1장 2
다니야의 경[7]

Dhaniya-sutta [다니야 숫따]

18

소 치는 다니야가 말했다.
"나는 밥도 지어 놓았고 우유도 짜 놓았습니다. 마히 강변에
서 가족과 함께 삽니다. 내 움막은 지붕이 덮이고 불을 지필
땔감이 쌓여 있으니, 그러니 하늘이여, 비를 뿌리려거든 뿌
리려무나."

19

존귀하신 분은 말씀하셨다.
"나는 성냄에서 벗어나고, 완고함은 사라졌다. 마히 강변에
서 하룻밤을 지내고 있네. 내 움막은 지붕도 없고 (번뇌의)
불은 꺼져 버렸다. 그러니 하늘이여, 비를 뿌리려거든 뿌리
려무나."

20

소 치는 다니야가 말했다.

"쇠파리나 모기가 없고, 소들은 습지 무성한 풀 위에서 거닐고, 비가 와도 비를 견딜 것입니다. 그러니 하늘이여, 비를 뿌리려거든 뿌리려무나."

21

존귀하신 분은 말씀하셨다.

"잘 만들어진 뗏목은 함께 묶여 있다. 나는 홍수를 극복하고 건너서 저 언덕에 이르렀다. (그러니) 뗏목은 필요 없다. 그러니 하늘이여, 비를 뿌리려거든 뿌리려무나."

22

소 치는 다니야가 말했다.

"나의 아내는 온순하고, 탐욕스럽지 않습니다. 오랫동안 함께 살아도 즐겁습니다. 나는 그녀에 관해 어떤 악도 들은 적이 없습니다. 그러니 하늘이여, 비를 뿌리려거든 뿌리려무나."

23

존귀하신 분은 말씀하셨다.

"내 마음은 나에게 충실하고 (번뇌에서) 벗어났다. 오랫동안 잘 수련되고 잘 다스려졌다. 더욱이 (어떤) 악도 내게는 존

재하지 않는다. 그러니 하늘이여, 비를 뿌리려거든 뿌리려
무나."

24

소 치는 다니야가 말했다.

"나는 나 자신의 벌이로 살아갑니다. 나의 아들들은 나와 함
께 건강히 살고 있습니다. 그들에 관해 어떤 악도 들은 적이
없습니다. 그러니 하늘이여, 비를 뿌리려거든 뿌리려무나."

25

존귀하신 분은 말씀하셨다.

"나는 누군가의 고용인이 아니다. 내가 얻은 것으로 온 세상
을 유행한다. (그러니) 대가를 바랄 이유가 없다. 그러니 하
늘이여, 비를 뿌리려거든 뿌리려무나."

26

소 치는 다니야가 말했다.

"다 자란 송아지도 있고 젖먹이 송아지도 있습니다. 또한 성
년이 된 암소도 있고 소들의 대장인 황소도 있습니다. 그러
니 하늘이여, 비를 뿌리려거든 뿌리려무나."

27

존귀하신 분은 말씀하셨다.
"나는 다 자란 송아지도 없고 젖먹이 송아지도 없다. 또한
성년이 된 암소도 없고 소들의 대장인 황소도 없다. 그러니
하늘이여, 비를 뿌리려거든 뿌리려무나."

28

소 치는 다니야가 말했다.
"말뚝은 땅에 박혀 흔들리지 않습니다. 문자 풀로 만들어진
새 밧줄은 잘 만들어져서 젖먹이 송아지조차도 끊을 수 없
을 것입니다. 그러니 하늘이여, 비를 뿌리려거든 뿌리려무
나."

29

존귀하신 분은 말씀하셨다.
"황소처럼 속박을 끊고, 코끼리처럼 악취 나는 덩굴[8]을 부
수고서 나는 또다시 모태에 들지 않을 것이다. 그러니 하늘
이여, 비를 뿌리려거든 뿌리려무나."

30

낮은 지대와 높은 곳을 가득 채우면서 갑자기 큰 구름이 비
를 뿌렸다. 하늘이 비를 퍼붓는 소리를 듣고 다니야는 이와
같이 말했다.

31

"우리들은 부처님을 만나서 참으로 얻은 것이 많습니다. 통
찰력을 갖추신 분, 당신에게 우리는 귀의합니다. 우리의 스
승이 되어 주십시오, 위대한 성자시여.

32

아내와 나는 유순합니다. (바른 길로) 잘 가신 분 곁에서 청
정한 삶을 살게 해 주십시오. 태어남과 죽음의 그 너머로 가
서 괴로움을 끝내게 해 주십시오."

33

악마 빠삐만이 말했다.

"아들이 있는 사람은 아들로 인해 기뻐합니다. 마찬가지로
소를 가진 이는 소로 인해 기뻐합니다. 집착의 (대상은) 사
람에게 기쁨의 대상이 됩니다. 집착이 없는 사람에게는 기
뻐할 것도 없습니다."

34

존귀하신 분은 말씀하셨다.

"아들이 있는 사람은 아들로 인해 슬퍼한다. 마찬가지로 소
를 가진 이는 소로 인해 슬퍼한다. 집착의 (대상은) 사람에
게 슬픔이 된다. 집착이 없는 사람에게는 슬퍼할 것이 없다."

1장 3
코뿔소 뿔의 경

Khaggavisāṇa-sutta[각가위사나 숫따]

35

모든 살아 있는 존재에 대한 폭력을 내려놓고,
그들 중에서 어느 하나도 해치지 않고,
자식도 바라지 말라, 하물며 친구이랴.
코뿔소의 뿔[9]처럼 혼자서 가라.

36

교제하는 사람에게는 애정이 생긴다.
애정을 따라서 괴로움이 생긴다.
애정에서 일어난 위험을 보고서,
코뿔소의 뿔처럼 혼자서 가라.

37
친구들과 동료들과 동정심으로
마음이 묶여서 목표를 잃게 된다.
친교의 이 두려움을 보고서,
코뿔소의 뿔처럼 혼자서 가라.

38
자식과 아내에 대한 기대는
넓게 가지를 뻗은 대나무가 얽힌 것과 같다.
대나무 순이 서로 들러붙지 않듯이,
코뿔소의 뿔처럼 혼자서 가라.

39
묶여 있지 않은 사슴이 숲에서 먹이를 찾아,
원하는 곳은 어디든지 가듯이
지혜로운 사람은 자유를 찾아,
코뿔소의 뿔처럼 혼자서 가라.

40
동료들 사이에서 머물거나,
서 있거나, 가거나, 유행하면 요구가 있게 된다.
탐내지 않는 자유를 찾아,
코뿔소의 뿔처럼 혼자서 가라.

41

동료들 사이에 오락과 즐거움이 있고
자식들에 대한 커다란 애정이 있다.
사랑하는 사람과의 이별이 싫다면,
코뿔소의 뿔처럼 혼자서 가라.

42

사방에 속해 있는[10] 그는
증오 없이 무엇이든지 만족하고,
두려움 없이 모든 위험을 극복하고,
코뿔소의 뿔처럼 혼자서 가라.

43

어떤 출가자들은 만족하기가 어렵다.
또한 집에 사는 재가자들도 마찬가지다.
다른 사람들의 자식들에 관심 두지 말고,
코뿔소의 뿔처럼 혼자서 가라.

44

잎이 떨어진 꼬빌라라 나무처럼
재가자의 특성들을 떨쳐 버리고,
영웅은 재가자의 속박들을 끊고서,
코뿔소의 뿔처럼 혼자서 가라.

45

만일 확고하고 선한 삶을 사는
지혜로운 친구를 얻는다면,
모든 위험을 극복하고 기쁘게
깨어 있는 마음으로 그와 함께 가라.

46

만일 확고하고 선한 삶을 사는
지혜로운 친구를 얻지 못한다면,
정복한 왕국을 버리는 왕처럼,
코뿔소의 뿔처럼 혼자서 가라.

47

우리는 참으로 친구를 얻은 행운을 기린다.
자기보다 낫거나 동등한 친구와 가까이 사귀어야 한다.
그런 친구를 만나지 못하면 허물없이 살며,
코뿔소의 뿔처럼 혼자서 가라.

48

금 세공사에 의해 잘 만들어진
빛나는 황금의 (팔찌) 두 개가,
(한) 팔에서 함께 부딪치는 것을[11] 보고,
코뿔소의 뿔처럼 혼자서 가라.

49
이처럼 두 사람이 함께 있으면
잔소리와 말다툼이 일어나리라.
장차 이 두려움을 보고,
코뿔소의 뿔처럼 혼자서 가라.

50
참으로 감각적 쾌락들은
다양하고, 달콤하고, 즐거워서
그들의 여러 가지 모습으로 마음을 휘젓는다.
감각적 쾌락의 가닥들에서 위험을 보고,
코뿔소의 뿔처럼 혼자서 가라.

51
이것이 나에게 재앙이고, 종기이고,
불행이고, 질병이고, 화살이고, 공포이다.
감각적 쾌락의 가닥들에서 이런 위험을 보고,
코뿔소의 뿔처럼 혼자서 가라.

52
추위와 더위, 굶주림과 목마름,
바람과 (태양의) 열기, 쇠파리와 뱀들,
이 모든 것들을 이겨 내고,

코뿔소의 뿔처럼 혼자서 가라.

53

점이 있고 웅장하고,

거대한 몸통을 가진 코끼리가

무리를 떠나 숲에서 좋아하는 대로 사는 것처럼,

코뿔소의 뿔처럼 혼자서 가라.

54

교제를 좋아하는 사람에게는

일시적인 해탈을 얻는 것도 불가능하다.

태양의 후예의 말씀을 명심하여,

코뿔소의 뿔처럼 혼자서 가라.

55

잘못된 견해의 왜곡을 벗어나,

길을 얻어서, 해탈의 길에 도달하였다.

'나에게 지혜가 생겼다.

다른 사람에 의해 이끌릴 필요가 없다.'고 생각하고,

코뿔소의 뿔처럼 혼자서 가라.

56

탐욕 없이, 속임 없이, 갈애 없이, 거짓 없이,

더러움과 어리석음을 날려 버리고
온 세상에 대한 집착 없이,
코뿔소의 뿔처럼 혼자서 가라.

57
유익함을 보지 못하고
나쁜 행동에 빠져 버린 악한 친구를 멀리하라.
그릇된 견해에 빠진 자, 태만한 자를 가까이 하지 말고,
코뿔소의 뿔처럼 혼자서 가라.

58
널리 배워 가르침을 마음으로 아는
고매하고 지혜로운 친구를 사귀어라.
유익한 (길을) 알고 의심을 버리고,
코뿔소의 뿔처럼 혼자서 가라.

59
세상에서 감각적 쾌락에서 오는 행복에도,
유희와 오락에도 만족하지 않고,
관심 두지 않고, 꾸밈[12]을 삼가고, 진실을 말하면서,
코뿔소의 뿔처럼 혼자서 가라.

60

자식과 아내, 아버지와 어머니,

재물과 곡식, 친척들

그리고 감각적 쾌락의 한계까지 모두 버리고,

코뿔소의 뿔처럼 혼자서 가라.

61

이것은 집착이다. 여기에는 행복도 적고 만족도 적다.

여기에는 괴로움은 더 많다.

이것은 낚싯바늘이라고 알고서 지혜로운 이는,

코뿔소의 뿔처럼 혼자서 가라.

62

물속의 물고기가 그물을 찢는 것처럼,

불이 (이미) 다 타 버린 곳으로 되돌아가지 않는 것처럼,

속박들을 부수어 버리고,[13]

코뿔소의 뿔처럼 혼자서 가라.

63

눈을 아래로 뜨고 주의 깊게 걷고,

감각기관을 지키고, 마음을 집중하고,

(번뇌가) 새지도 않고 불타지도 않고,

코뿔소의 뿔처럼 혼자서 가라.

64

재가자의 특성들을 버리고
잎이 떨어진 빠리찻따 나무처럼,
출가하여 가사를 입고,
코뿔소의 뿔처럼 혼자서 가라.

65

맛에 탐닉하지 않고, 산만하지 않고, 부양할 사람 없이,
(빈부를 가리지 않고) 차례로 탁발하고,
이집 저집에 마음이 묶이지 않고,
코뿔소의 뿔처럼 혼자서 가라.

66

마음의 다섯 가지 장애[14]를 버리고,
모든 더러움을 몰아내고, 의존하지 않고,
사랑과 미움을 끊어 버리고,
코뿔소의 뿔처럼 혼자서 가라.

67

이전의 행복도 괴로움도 버리고,
환희도 슬픔도 버리고,
순수하고 고요한 평정을 얻고서,
코뿔소의 뿔처럼 혼자서 가라.

68

최상의 진리를 얻기 위해,
단호하고 활기찬 마음으로, 게으름 없이,
확고한 노력으로, 강한 힘을 갖추어,
코뿔소의 뿔처럼 혼자서 가라.

69

한적함과 명상을 버리지 않고,
모든 일에 항상 담마에 따라서 살고,
존재들에서 비참함을 알고서,
코뿔소의 뿔처럼 혼자서 가라.

70

갈애의 소멸을 열망하고,
깨어 있고, 총명하고, 배우고, 마음을 집중하고,
가르침을 이해하고, 확신을 갖고, 넘치는 힘으로
코뿔소의 뿔처럼 혼자서 가라.

71

소리에 놀라지 않는 사자처럼,
그물에 걸리지 않는 바람처럼,
물에 더럽혀지지 않는 연꽃처럼,
코뿔소의 뿔처럼 혼자서 가라.

72

모든 동물들을 제압하고,
짐승들의 왕으로 승리하여 걸어가는,
강한 이빨을 가진 사자처럼 한적한 거처로 가야 한다.
(이처럼) 코뿔소의 뿔처럼 혼자서 가라.

73

자애, 평정, 자비, 해탈,
기쁨을 때맞추어 닦고,
온 세상에 의해 방해받지 않고,
코뿔소의 뿔처럼 혼자서 가라.

74

욕망과 성냄과 어리석음을 버리고,
속박을 부수고,
목숨이 흩어질 때에도 두려워하지 않고,
코뿔소의 뿔처럼 혼자서 가라.

75

(사람들은) 자기의 이익을 위해 사귀고 의지한다.
오늘날 동기 없는 친구들은 보기 드물다.
자기의 이익에 밝은 자는 순수하지 못하니,
코뿔소의 뿔처럼 혼자서 가라.

1장 4

까시 바라드와자의 경

Kasibhāradvāja-sutta [까시 바라드와자 숫따]

이와 같이 나는 들었다. 한때 부처님은 닥키나기리에 있는 브라흐민 마을인 에까날라의 마가다 사람들이 있는 곳에 계셨다. 그때 브라흐민[15] 까시 바라드와자는 파종 때가 되어 500개의 쟁기들을 멍에에 묶었다. 그때 부처님은 아침에 가사를 입고 발우와 가사를 가지고 브라흐민 까시 바라드와자의 일하는 곳으로 가셨다.

그때 브라흐민 까시 바라드와자의 음식 분배가 있었다. 그래서 부처님[16]은 음식 분배하는 곳으로 가셔서 한쪽에 서 계셨다. 그때 브라흐민 까시 바라드와자는 탁발 음식을 위해 서 계신 부처님을 보았다. 보고는 부처님께 이렇게 말하였다.

"사문이여, 나는 밭을 갈고 씨를 뿌립니다. 그리고 밭을 갈고 씨를 뿌리고 나서 먹습니다. 그대도 또한 사문이여, 밭을 갈고 씨를 뿌리십시오. 밭을 갈고 씨를 뿌리고 나서 드십시오."

"나 또한 브라흐민이여, 밭을 갈고 씨를 뿌립니다. 그리고 밭을 갈고 씨를 뿌리고 나서 먹습니다."

"그러나 우리는 그대 고따마[17]의 멍에도, 쟁기도, 보습 (삽과 비슷)도, (소몰이) 막대도, 황소도 보지 못했소. 그러나 고따마 존자님은 이렇게 말합니다. '나 또한 브라흐민이여, 밭을 갈고 씨를 뿌립니다. 그리고 밭을 갈고 씨를 뿌리고 나서 먹습니다.'라고."

그래서 브라흐민 까시 바라드와자는 게송으로 부처님께 말하였다.

76

"그대는 밭 가는 자라고 주장하지만 우리는 그대의 밭 가는 것을 보지 못했네. 그대의 밭 가는 것에 대하여 묻건대, 우리가 그대의 밭 가는 것을 알 수 있도록 말해 보십시오."

77

"믿음은 씨앗이며, 고행은 비이며, 지혜는 나의 멍에와 쟁기입니다. 겸손은 쟁기의 자루이며, 마음은 멍에의 끈이며, 마음챙김은 나의 보습과 (소몰이) 막대입니다.

78

몸을 절제하고, 말을 절제하고, 배에 맞게 음식을 절제하고,

진리를 잡초 제거의 도구로 삼고, 온화함은 (멍에를) 벗음입
니다.

79
정진은 속박에서 평온으로 실어 가는, 나의 짐을 진 황소입
니다. (정진으로) 되돌아감 없이 나아갑니다. 거기에 이르면
슬퍼하지 않습니다.

80
이와 같이 밭갈이가 이루어집니다. 그것은 불사의 열매가
됩니다. 이 밭갈이를 하고 나면 모든 괴로움에서 벗어납니
다."

그때 브라흐민 까시 바라드와자는 큰 청동 그릇에 우유죽을
하나 가득 (담아서) 부처님께 드렸다.
　"고따마 존자님은 우유죽을 드십시오. 존자님은 밭을 가
는 분이십니다. 왜냐하면 고따마 존자님은 불사의 열매를
가져오는 밭을 갈기 때문입니다."

81
"시를 읊어서 얻은 (음식은) 먹기에 내게 합당치 않습니다.
브라흐민이여, 이것은 (바르게) 보는 분의 담마[18]가 아닙니
다. 깨달은 분들은 시를 읊어서 얻은 (음식은) 거절합니다.

담마가 있는 한 이것이 그들의 행동 방식입니다.

82

번뇌가 부서지고 나쁜 행동이 고요해지고 (할 일을) 온전히 해 마친[19] 위대한 성자에게 다른 음식과 음료로써 공양하십시오. 왜냐하면 그것은 공덕을 바라는 사람에게 복 밭이기 때문입니다."

"고따마 존자님, 그러면 저는 이 우유죽을 누구에게 드릴까요?"

"브라흐민이여, 신들의 세계, 마라의 세계, 브라흐마 신의 세계를 포함하여 신들과 인간, 사문과 브라흐민을 포함한 존재들 가운데 여래와 여래의 제자를 제하고는, 이 우유죽을 먹고 완전하게 소화시킬 수 있는 사람을 나는 아무도 보지 못했습니다. 그러므로 브라흐민이여, 이 우유죽을 풀이 적은 곳에 버리시오. 또는 생물이 살지 않는 물에 담그시오."

그래서 브라흐민 까시 바라드와자는 그 우유죽을 생물이 살지 않는 물에 담가 넣었다. 그런데 물에 담근 우유죽은 부글부글 소리를 내고 온통 물거품이 일고 자욱한 증기를 뿜었다.

물에 던져진, 하루 종일 달궈진 보습이 부글부글 소리를 내고 온통 물거품이 일고 자욱한 증기를 내는 것처럼, 이처럼 물에 던져진 그 우유죽은 부글부글 소리를 내고 온통 물거품이 일고 자욱한 증기를 뿜었다.

그래서 브라흐민 까시 바라드와자는 두려워 떨며, 머리털이 쭈뼛 서며 부처님 곁으로 다가갔다. 그리고 부처님의 발에 머리를 숙이고 이렇게 말하였다.

"훌륭하십니다, 고따마 존자여. 훌륭하십니다, 고따마 존자여. 마치 넘어진 것을 일으켜 세우듯이, 가려진 것을 열어 보이듯이, 길 잃은 자에게 길을 가리켜 주듯이, 눈 있는 자에게 형상을 보라고 어둠 속에 등불을 들어 (비추듯이), 바로 이렇게 고따마 존자님에 의해서 가르침이 여러 가지 방법으로 설명되었습니다. 저는 고따마 존자님께 귀의합니다. 담마에 귀의합니다. 그리고 승가에 귀의합니다. 저는 고따마 존자님의 앞에서 출가를 하고 싶습니다. 구족계를 받고 싶습니다."

그래서 브라흐민 바라드와자는 부처님 앞에서 출가하여 구족계를 받았다. 구족계 받은 지 오래지 않아 바라드와자 존자는 홀로 떨어져서, 부지런히, 열심히, 굳건히 머물러, 오래지 않아 좋은 가문의 자제들이 바르게 집에서 집 없는 곳으로 출가를 한 (바로 그 이유인), 청정한 삶의 위없는 목표에 이생에서 스스로 깨달아 도달하여 머물렀다.

'태어남은 부서지고 청정한 삶은 성취되었고, 해야 할 일을 마치고 더 이상 윤회하지 않는다.'고 알았다. 그래서 바라드와자는 아라한 중에 한 분이 되었다.

1장 5
쭌다의 경

Cunda-sutta [쭌다 숫따]

83

대장장이 아들 쭌다가 말했다. "지혜가 충만한 성자께 여쭙
니다. 깨달은 분, 진리의 주인이신 분, 갈애가 없는 분, 인간
가운데 최상의 분, 마부[20] 중에서 가장 훌륭한 분, 세상에는
얼마나 많은 (종류의) 사문이 있습니까? 부디 말씀해 주십
시오."

84

부처님은 말씀하셨다. "쭌다여, 네 가지의 사문[21]이 있다. 다
섯 번째는 없다. 그대의 질문에 답하겠다. 그것은 '길의 승리
자, 길의 안내자, 길에서 사는 자, 길을 더럽히는 자'이다."

85

대장장이 아들 쭌다가 말했다. "깨달은 분들은 누구를 '길의
승리자'라 하십니까? 어떻게 견줄 바 없는 '길의 안내자'가
됩니까? 여쭈오니 '길에서 사는 자'에 대해 말씀해 주십시
오. 또한 '길을 더럽히는 자'에 대해서도 저에게 설명해 주
십시오."

86

"의혹을 넘어서고, 괴로움에서 벗어나고, 열반을 즐기고, 탐
욕스럽지 않고, 신들의 세계를 포함한 세상의 안내자, 이와
같은 사람을 깨달은 분들은 '길의 승리자'라고 말한다.

87

이 세상에서 으뜸을 으뜸으로 알고, 가르침을 설하고 분석
하고, 의혹을 끊고 욕망에서 벗어난 성자를 수행자 중에서
두 번째, '길의 안내자'라고 부른다.

88

잘 설해진 가르침의 길에서, 절제하고 마음집중에 머물고,
허물없는 길을 따르면서, 길에서 사는 사람, (그를) 수행자
중에서 세 번째, '길에서 사는 자'라고 부른다.

89

행동을 잘하는 척 꾸며서 행하고, 오만하고, 가문을 더럽히고, 무모하고, 남을 속이고, 절제가 없고, 수다스럽고, 겉으로 선한 척하고 걸어 다니는 사람, 그는 '길을 더럽히는 자'이다.

90

배운 것이 많고 지혜로운, 거룩한 분들의 제자인 재가자는 이들이 모두 이처럼 같지 않음을 알고서, 그처럼 보고서 믿음이 변하지 않는다. 왜냐하면 어찌 타락한 자와 타락하지 않은 자, 청정한 자와 청정하지 않은 자가 동등하겠는가."

1장 6

파멸의 경

Parābhava-sutta [빠라바와 숫따]

이와 같이 나는 들었다. 한때 부처님은 사왓티의 제따 숲의 아나타삔디까 승원에 계셨다. 그때 밤이 기울어서[22] 어떤 신[23] 이 아름다운 빛으로 제따 숲을 두루 비추고 부처님이 계신 곳으로 다가와서 부처님께 예를 드리고 한쪽에 섰다. 한쪽에 서서 그 신은 부처님께 시로써 말했다.

91

"저희들은 파멸하는 사람에 대하여 고따마께 여쭙니다. 존귀하신 분께 여쭙고자 왔사오니 무엇이 파멸의 문입니까?"

92

"번영하는 자도 알아보기 쉽고 파멸하는 자도 알아보기 쉽다. 가르침을 사랑하는 자는 번영하고, 가르침을 싫어하는 자는 파멸한다."

93

"잘 알겠습니다. 그것이 첫 번째 파멸입니다. 부처님, 두 번째를 말씀해 주십시오. 무엇이 파멸의 문입니까?"

94

"나쁜 사람이 그에게는 사랑스럽다. 그는 선한 사람을 좋아하지 않는다. 그는 나쁜 사람의 가르침을 좋아한다. 그것이 파멸의 문이다."

95

"잘 알겠습니다. 그것이 두 번째 파멸입니다. 부처님, 세 번째를 말씀해 주십시오. 무엇이 파멸의 문입니까?"

96

"조는 버릇이 있고, 교제를 좋아하는 버릇이 있고, 무기력하고, 게으르고, 성냄의 본성이 있다면 그것이 파멸의 문이다."

97

"잘 알겠습니다. 그것이 세 번째 파멸입니다. 부처님, 네 번째를 말씀해 주십시오. 무엇이 파멸의 문입니까?"

98

"할 수 있으면서도, 늙고 젊음이 가 버린 어머니나 아버지를 돌보지 않는다면 그것이 파멸의 문이다."

99

"잘 알겠습니다. 그것이 네 번째 파멸입니다. 부처님, 다섯 번째를 말씀해 주십시오. 무엇이 파멸의 문입니까?"

100

"브라흐민이나 사문 또는 다른 탁발 수행자를 거짓말로 속 인다면 그것이 파멸의 문이다."

101

"잘 알겠습니다. 그것이 다섯 번째 파멸입니다. 부처님, 여 섯 번째를 말씀해 주십시오. 무엇이 파멸의 문입니까?"

102

"엄청난 재물과 황금과 식품을 가진 사람이 혼자서 맛있는 것을 먹는다면 그것이 파멸의 문이다."

103

"잘 알겠습니다. 그것이 여섯 번째 파멸입니다. 부처님 일곱 번째를 말씀해 주십시오. 무엇이 파멸의 문입니까?"

104

"출생, 재산, 가문을 자만하고, 자신의 친척을 멸시하는 사람, 그것이 파멸의 문이다."

105

"잘 알겠습니다. 그것이 일곱 번째 파멸입니다. 부처님, 여덟 번째를 말씀해 주십시오. 무엇이 파멸의 문입니까?"

106

"여자에 빠지고, 술과 도박에 빠진 불량배, 버는 것마다 낭비해 버리는 사람, 그것이 파멸의 문이다."

107

"잘 알겠습니다. 그것이 여덟 번째 파멸입니다. 부처님 아홉 번째를 말씀해 주십시오. 무엇이 파멸의 문입니까?"

108

"자신의 아내로 만족하지 않고, 그는 매춘부 가운데서 보이고, 다른 사람의 아내들이 있는 곳에서 보인다. 이것이 파멸의 문이다."

109

"잘 알겠습니다. 그것이 아홉 번째 파멸입니다. 부처님, 열 번째를 말씀해 주십시오. 무엇이 파멸의 문입니까?"

110

"젊음이 지난 남자가 띰바루 열매 같은 가슴을 가진 (여자를) 데려오고, 그녀에 대한 질투로 잠 못 이룬다면, 그것이 파멸의 문이다."

111

"잘 알겠습니다. 그것이 열 번째 파멸입니다. 부처님, 열한 번째를 말씀해 주십시오. 무엇이 파멸의 문입니까?"

112

"술에 중독되고, 낭비하는 여인 또는 그와 같은 성향의 남자를 통치권의 자리에 임명한다면 그것이 파멸의 문이다."

113

"잘 알겠습니다. 그것이 열한 번째 파멸입니다. 부처님, 열두 번째를 말씀해 주십시오. 무엇이 파멸의 문입니까?"

114

"왕족 가문에 태어난, 재산은 별로 없고 갈애만 커다란 사람이 이 세상에서 왕위를 열망한다면, 그것이 파멸의 문이다.

115

이 세상에 이런 파멸들을 살피고서 지혜로운 분, 통찰력을
갖춘 거룩한 분은 행복의 세계로 간다."

1장 7
천한 사람의 경

Vasala-sutta[와살라 숫따]

이와 같이 나는 들었다. 한때 부처님은 사왓티의 제따 숲에 있는 아나타삔디까 승원에 계셨다. 그때 부처님은 아침에 가사를 입고 가사와 발우를 들고 사왓티로 탁발하러 들어가셨다.

그때 브라흐민 악기까 바라드와자의 집에는 제식용 불이 타오르고, 제물이 올려졌다. 그때 마침 부처님은 사왓티에서 차례로 탁발하면서 브라흐민 악기까 바라드와자의 집이 있는 곳으로 가셨다. 브라흐민 악기까 바라드와자는 부처님이 오는 것을 멀리서 보았다. 그리고 부처님께 이렇게 말하였다.

"까까중, 거기 섯거라! 어이 사문 거기 섯거라! 천박한 자 거기 섯거라!"[24] 이렇게 말하자 부처님은 브라흐민 악기까 바라드와자에게 이렇게 말씀하셨다.

"그런데 브라흐민이여, 그대는 천한 사람을 알고 있습니까? 또 천한 사람을 만드는 것들을 압니까?"

"고따마여, 저는 천한 사람을 알지 못합니다. 또 천한 사람을 만드는 것들을 알지 못합니다. 천한 사람을 알 수 있도록, 또 천한 사람을 만드는 것을 알 수 있도록 가르침을 설해 주시면 좋겠습니다."

"그러면 브라흐민이여, 주의해서 잘 들으시오. 내가 말하리라."

"네, 존자님." 브라흐민 악기까 바라드와자는 부처님께 대답하였다.

부처님은 이렇게 말씀하셨다.

116

성내고, 악의를 품고, 악하고 자비가 없는 사람, 그릇된 견해를 가진 사람, 사기 치는 사람, 그를 천한 사람이라고 알아야 하오.

117

한번 태어나는 (계급이든), 두 번 태어나는 (계급이든)[25] (어느 계급의 사람이든지) 이 세상에서 살아 있는 것들을 해치고, 살아 있는 것들에 대한 자비가 없는 사람, 그를 천한 사람이라고 알아야 하오.

118

마을과 도시에서 파괴하고, 포위 공격하고, 박해자로 알려진 사람, 그를 천한 사람이라고 알아야 하오.

119

마을에서나 또는 숲에서나 남에게 소중하고 주지 않은 것을 도둑질로 취하는 사람, 그를 천한 사람이라고 알아야 하오.

120

참으로 빚을 지고 (갚으라는) 독촉에 "당신에게 진 빚이 없소."라고 하며 도망치는 사람, 그를 천한 사람이라고 알아야 하오.

121

참으로 하찮은 것에 대한 욕심 때문에 길 가는 사람을 죽이고 하찮은 것을 빼앗는 사람, 그를 천한 사람이라고 알아야 하오.

122

증인으로 요청받았을 때 자신의 (이익) 때문에, 또는 남의 (이익) 때문에, 또는 재물 때문에 거짓되게 말하는 사람, 그를 천한 사람이라고 알아야 하오.

123

강압적으로 또는 서로 좋아서 친척이나 친구들의 아내들이 있는 곳에서 (부정 행위를) 보이는 남자, 그를 천한 사람이라고 알아야 하오.

124

할 수 있는데도, 늙고 젊음이 지난 그들의 어머니나 아버지를 돌보지 않는 사람, 그를 천한 사람이라고 알아야 하오.

125

어머니나 아버지, 형제나 자매, 또는 계모에게 말로 화내거나 때리는 사람, 그를 천한 사람이라고 알아야 하오.

126

유익한 것에 대하여 질문을 받고는 유익하지 않은 것을 충고하고, 애매한 태도로 조언을 주는 사람, 그를 천한 사람이라고 알아야 하오.

127

나쁜 행동을 하고서 남이 알지 못하기를 바라고 그의 행동을 숨기는 사람, 그를 천한 사람이라고 알아야 하오.

128

다른 사람의 집에 가서는 정갈한 음식을 먹고서, (반대로 다른 사람이) 왔을 때는 공경하지 않는 사람, 그를 천한 사람이라고 알아야 하오.

129

브라흐민이나 사문이나 또는 다른 탁발 수행자를 거짓으로 속이는 사람, 그를 천한 사람이라고 알아야 하오.

130

식사 때 도착한 브라흐민이나 사문에게 말로써 성내고 (탁발 음식을) 주지 않는 사람, 그를 천한 사람이라고 알아야 하오.

131

이 세상에서 어리석음에 휩싸여 사소한 것을 욕심내어 사실이 아닌 것을 말하는 사람, 그를 천한 사람이라고 알아야 하오.

132

자기를 칭찬하고 남을 경멸하는 사람, 그의 교만에 의해 비천해진 사람, 그를 천한 사람이라고 알아야 하오.

133

(남을) 화나게 하고, 인색하고, 나쁜 열망을 가지고 있고, 탐욕스럽고, 교활하고, 부끄러워할 줄 모르고, 뻔뻔한 사람, 그를 천한 사람이라고 알아야 하오.

134

깨달은 분이나 그의 제자, 방랑 수행자나 재가자를 욕하는 사람, 그를 천한 사람이라고 알아야 하오.

135

참으로 아라한이 아니면서 아라한[26]이라고 주장하고, 브라흐마 신의 세계를 포함한 세계에서 도둑인 사람, 그는 참으로 가장 비천한 사람이오. 내가 그대에게 설명한 그런 사람들은 참으로 천한 사람들이라고 불립니다.

136

출생에 의해 천한 사람이 되는 것이 아니오. 출생에 의해 브라흐민이 되는 것도 아니오. 행위에 의해 천한 사람이 되고, 행위에 의해 브라흐민이 되는 것이오.

137

(다음과 같이) 나의 이 예문을 드는 것처럼, 이로써 또한 (누가 천한 사람인지) 알아들으시오. '마땅가'[27]로 잘 알려

진, 천민 짠달라[28] 아들이 있었소.

138

그 마땅가는 아주 얻기 어려운 최상의 명예를 얻었소. 많은 왕족과 브라흐민들이 그를 섬기기 위해 왔소.

139

그는 신들의 세계로 이끄는 더러움에서 벗어난 큰 길에 들어서서, 감각적 쾌락과 욕망에서 벗어나, 브라흐마 신의 세계에 도달하였소. 그의 (천한) 태생은 그가 브라흐마 세계에 태어나는 것을 막지 못하였소.

140

베다 독송자의 집안에 태어나 만뜨라[29]에 친숙한 브라흐민이라 하더라도, 그들도 또한 반복적으로 악한 행위에 빠져 있는 것을 볼 수 있습니다.

141

그래서 이 세상에서 비난받고 저 세상에서는 비참한 곳에 태어납니다. (브라흐민) 태생이 그들을 비참한 곳에 태어남이나 또는 비난받는 것으로부터 막지 못하였소.

142

출생에 의해 천한 사람이 되는 것이 아니오. 출생에 의해 브라흐민이 되는 것도 아니오. 행위에 의해 천한 사람이 되고, 행위에 의해 브라흐민이 되는 것이오.

이와 같이 말씀하시자 브라흐민 악기까 바라드와자는 부처님께 말하였다.

"고따마 존자님 훌륭하십니다, 고따마 존자님 훌륭하십니다. 마치 넘어진 것을 일으켜 세우듯이, 가려진 것을 열어 보이듯이, 길 잃은 자에게 길을 가리켜 주듯이, 눈 있는 자에게 형상을 보라고 어둠 속에 등불을 들어 (비추듯이), 바로 이렇게 고따마 존자님에 의해서 가르침이 여러 가지 방법으로 설명되었습니다.

나는 고따마 존자님께 귀의합니다. 담마에 귀의합니다. 그리고 승가에 귀의합니다.

오늘부터 목숨이 다할 때까지 귀의하오니 고따마 존자님은 저를 재가 신자로 받아 주십시오."

1장 8
자애의 경[30]

Metta-sutta [멧따 숫따]

143

이것은 평화로운 경지를 얻고자,

선한 것을 찾는 데에 능숙한 사람이 행해야만 하는 것이다.

유능하고, 정직하고, 청렴하고,

온순하고, 상냥하고, 교만하지 말아야 한다.

144

만족하고, 부양하기 쉽고, 얽매인 것이 적고,

검소하고, 감각기관이 고요하고,

지혜롭고, 무모하지 않고,

(남의) 집에서 탐욕스럽지 않아야 한다.

145
다른 지혜로운 사람들이 비난할 만한
사소한 행동이라도 하지 말아야 한다.
존재하는 모든 것들은
행복하라. 평안하라. 편안하라.

146
어떤 살아 있는 존재들이건,
동물이거나 식물이거나 남김없이,
길거나 크거나 중간이거나,
짧거나 조그맣거나 거대하거나,

147
보이는 것이나 보이지 않는 것이나,
멀리 사는 것이나 가까이 사는 것이나,
태어난 것이나 태어날 것이나,
존재하는 모든 것들은 행복하라.

148
다른 사람을 속여서는 안 된다.
어디에서나 누구든지 업신여겨서는 안 된다.
성냄 때문에, 또는 미움 때문에
서로의 고통을 바라서는 안 된다.

149

어머니가 자신의 외아들을
목숨을 걸고 지키듯이,
그처럼 모든 존재에 대하여
한량없는 (자비의) 마음을 닦아야 한다.

150

위로, 아래로, 옆으로,
장애 없이, 원한 없이, 증오 없이,
온 세상에 대하여
한량없는 자애의 마음을 닦아야 한다.

151

서 있거나, 가거나, 앉아 있거나,
누워 있거나, 깨어 있는 한
(자애에 대한) 마음집중을 닦아야 한다.
이것이 이 세상에서 청정한 삶이라고 불린다.

152

그릇된 견해를 (따라)가지 않고,
계행을 지키고, 통찰을 갖추고,
감각적 쾌락에 대한 욕망을 버리면
결코 다시는 모태에 들지 않는다.

1장 9
헤마와따의 경

Hemavata-sutta [헤마와따 숫따]

153

약카[31] 사따기라가 말했다. "오늘은 보름, 포살 날,[32] 거룩한 밤이 다가왔다. 자, 완벽한 이름을 가진 스승, 고따마를 뵈러 가자."

154

약카 헤마와따가 말했다. "그와 같은 분의 마음은 모든 살아 있는 존재들에 대하여 잘 기울어져 있을까? 그의 생각은 좋아하는 것과 좋아하지 않는 것에 대하여 절제되어 있을까?"

155

약카 사따기라가 말했다. "그와 같은 분의 마음은 모든 살아 있는 존재들에 대하여 잘 기울어져 있다. 또한 그의 생각들은 좋아하는 것과 좋아하지 않는 것에 대하여 절제되어 있다."

156

약카 헤마와따가 말했다. "그는 주지 않은 것을 가지지 않을까? 살아 있는 존재들에 대하여 자신을 절제하는가? 나태함에서 멀리 떨어져 있을까? 명상을 포기하지 않을까?"

157

약카 사따기라가 말했다. "그는 주지 않은 것을 가지지 않는다. 그리고 살아 있는 존재들에 대하여 자신을 절제한다. 또한 나태함에서 멀리 떨어져 있다. 붓다[33]는 명상을 포기하지 않는다."

158

약카 헤마와따가 말했다. "그는 거짓말을 하지 않을까? 악담하지 않을까? 이간질하는 말을 하지 않을까? 쓸데없는 말을 하지 않을까?"

159

약카 사따기라가 말했다. "그는 거짓말을 하지 않는다. 그리고 악담하지 않는다. 또한 이간질하는 말을 하지 않는다. 그는 진실되고 유익한 것을 말한다."

160

약카 헤마와따가 말했다. "그는 감각적 쾌락에 물들지 않았을까? 그의 마음은 혼탁하지 않을까? 어리석음을 벗어났을까? (모든) 현상에 대한 선명한 통찰력이 있을까?"

161

약카 사따기라가 말했다. "그는 감각적 쾌락에 물들지 않았다. 그의 마음은 혼탁하지 않다. 모든 어리석음에서 벗어났다. 붓다는 (모든) 현상에 대한 선명한 통찰력이 있다."

162

약카 헤마와따가 말했다. "그는 지혜를 갖추고 있을까? 그의 행동은 청정할까? 그의 번뇌들은 소멸되었을까? 그는 다시 태어나지는 않을까?"

163

약카 사따기라가 말했다. "그는 지혜를 갖추고 있다. 또한 그의 행동은 청정하다. 그의 모든 번뇌는 소멸되었다. 그에게 다시 태어나는 일은 없다.

163-1

성자의 마음은 말과 행동으로 갖추어져 있다. 지혜와 (바른) 행동을 갖춘 그를 그대는 당연히 찬탄한다.

163-2

성자의 마음은 말과 행동으로 갖추어져 있다. 지혜와 (바른)
행동을 갖춘 그를 그대는 당연히 기뻐한다.

164

성자의 마음은 말과 행동으로 갖추어져 있다. 자, 지혜와
(바른) 행동을 갖추신 고따마를 뵈러 가자.

165

사슴 같은 정강이를 가진, 마르고, 단단하고, 적게 드시고,
탐욕스럽지 않은, 숲에서 명상하는 성자, 자, 고따마를 뵈러
가자.

166

감각적 쾌락에 대하여 관심 두지 않고 사자처럼 홀로 걷는
부처님께 가서, 죽음의 올가미에서 벗어나는 길을 여쭈어
보자.

167

설법자, (담마의) 해설자, 모든 현상의 저 언덕에 이르신 분,
깨달은 분, 증오와 두려움을 뛰어넘은 고따마께 우리는 여
쭈어 보자."

168

약카 헤마와따가 말했다. "무엇에서 세상은 생겼습니까? 무엇에서 친교가 형성됩니까? 세상 사람들은 무엇에 집착하고 있습니까? 세상 사람들은 무엇으로 인해 괴로워합니까?"

169

부처님은 말씀하셨다."헤마와따여, 세상은 여섯 가지[34]에서 생겼다. 여섯 가지에서 친교가 이루어진다. (세상 사람들은) 여섯 가지에 집착하고, 세상 사람들은 여섯 가지로 인해 괴로워한다."

170

"세상 사람들이 괴로워한다는 그 집착이란 무엇입니까? 벗어나는 길을 여쭈오니, 어떻게 괴로움에서 벗어나는지 말씀해 주십시오."

171

"세상에는 다섯 가지 감각적 쾌락과 여섯 번째로 마음이 있다.[35] 이런 것들에 대한 욕망을 버리면 괴로움에서 벗어난다.

172

이 세상의 (괴로움에서) 벗어나는 길을 사실대로 그대들에
게 말하였다. 이것을 나는 그대들에게 천명한다. '이와 같이
괴로움에서 벗어난다.'고."

173

"누가 이 세상에서 홍수를 건넙니까?[36) 누가 이 세상에서 바
다를 건넙니까? 의지할 것도 없고, 붙잡을 것도 없는 깊은
곳에 누가 가라앉지 않습니까?"

174

"항상 계행을 지니고, 지혜가 있고, 잘 집중하고, 안으로 살
피고, 마음챙김에 머무는 사람은 건너기 어려운 홍수를 건
넌다.

175

감각적 쾌락의 생각에서 떠나 모든 속박을 벗어나고, 존재
에 대한 욕망을 제거한 사람, 그는 깊은 곳에 가라앉지 않는
다."

176

"지혜가 깊고, 미묘한 뜻을 보며, 아무것도 없고, 감각적 쾌
락과 존재에 집착하지 않고, 모든 면에서 완전히 벗어난, 거

룩한 길을 가는 저 위대한 성자를 보라.

177

최상의 이름을 가진 분, 미묘한 뜻을 보며, 지혜를 가르쳐
주고, 감각적 쾌락의 욕망에 집착하지 않으며, 모든 것을 알
고, 지혜롭고, 거룩한 길을 가는 저 위대한 성자를 보라.

178

참으로 오늘 우리는 훌륭한 광경을 보았습니다. 찬란한 동
이 터 오고, (우리는) 기분 좋게 일어났습니다. 번뇌에서 벗
어나고 (윤회의) 홍수를 건너신 온전히 깨달은 분을 보았기
때문입니다.

179

신통력이 있고 명성도 있는 저희들 일천의 약카들은 모두
다 당신께 귀의합니다. 당신은 우리의 위없는 스승이기 때
문입니다.

180

온전히 깨달은 분과, 가르침의 훌륭함에 예경하면서 저희들
은 마을에서 마을로 산에서 산으로 돌아다니겠습니다."

1장 10
알라와까의 경

Āḷavaka-sutta [알라와까 숫따]

이와 같이 나는 들었다. 한때 부처님은 알라위 국의 알라
와까 약카의 처소에 계셨다. 그때 알라와까 약카는 부처님
이 계신 곳으로 다가갔다. 가까이 가서 부처님께 이처럼 말
했다.

"사문이여, 나가 주시오."

"좋다, 친구여." 부처님은 나가셨다.

"사문이여, 들어오시오."

"좋다, 친구여." 부처님은 들어가셨다.

두 번째에도 알라와까 약카는 부처님께 이처럼 말했다.

"사문이여, 나가 주시오."

"좋다, 친구여." 부처님은 나가셨다.

"사문이여, 들어오시오."

"좋다, 친구여." 부처님은 들어가셨다.

세 번째에도 알라와까 약카는 부처님께 이처럼 말했다.
"사문이여, 나가 주시오."
"좋다, 친구여." 부처님은 나가셨다.
"사문이여, 들어오시오."
"좋다, 친구여." 부처님은 들어가셨다.

네 번째에도 알라와까 약카는 부처님께 이처럼 말했다.
"사문이여, 나가 주시오."
"나는 더 이상 나가지 않겠다. 그대가 해야 할 일이나 하라."
"사문이여, 그대에게 질문을 하겠습니다. 만일 나에게 대답을 하지 못한다면 그대의 마음을 어지럽히거나, 또는 그대의 심장을 부수거나, 또는 두 발을 잡아 갠지스 강 너머로 던지겠소."
"친구여, 데와, 마라, 브라흐마를 포함한 세계에서 사문과 브라흐민, 신들과 인간을 포함한 존재들 가운데 나의 마음을 어지럽히거나, 또는 심장을 부수거나, 또는 두 발을 잡아 갠지스 강 너머로 던질 수 있는 자를 나는 보지 못했다. 그러나 친구여, 그대가 원하는 것을 묻거라."
그래서 알라와까 약카는 부처님께 시로써 말하였다.

181

"이 세상에서 사람에게 으뜸가는 재산은 무엇입니까? 무엇을 잘 행하였을 때 행복을 가져옵니까? 맛 중에서 참으로 가장 달콤한 것은 무엇입니까? 어떻게 사는 삶이 최상이라고 사람들은 말합니까?"

182

"이 세상에서 믿음이 사람에게 으뜸가는 재산이다. 가르침을 잘 행하면 행복을 가져온다. 진리는 맛 중에서 가장 달콤하다. 지혜롭게 사는 삶이 최상이라고 사람들은 말한다."

183

"어떻게 (윤회의) 홍수를 건넙니까? 어떻게 (윤회의) 바다를 건넙니까? 어떻게 괴로움을 극복합니까? 어떻게 깨끗해집니까?"

184

"믿음으로써 홍수를 건너고, 깨어 있음으로써 바다를 건너고, 정진으로써 괴로움을 이겨내고, 지혜로써 깨끗해진다."

185

"어떻게 지혜를 얻습니까? 어떻게 재물을 구합니까? 어떻게 명성을 얻습니까? 어떻게 친구들을 맺을 수 있습니까?

어떻게 하면 이 세상에서 저 세상으로 갈 때 슬퍼하지 않습
니까?"

186

"열반의 성취를 위하여 아라한의 가르침을 신뢰하고, 부지
런하고 주의 깊은 사람은 (가르침을) 듣고자 하는 열망에 의
하여 지혜를 얻는다.

187

합당한 것을 하고, 인내하고, 노력하는 사람은 재물을 얻는
다. 진실로써 명성을 얻는다. 베풀면 친구들을 맺을 수 있다.

188

신심 있는 재가자에게 진리, 선함, 굳건함, 베풂, 이 네 가지
덕성이 있으면 참으로 그는 저 세상으로 간 후에도 슬퍼하
지 않는다.

189

만일 진리, 절제, 베풂, 인내보다 더 나은 것이 이 세상에 있
다면, 널리 사문과 브라흐민에게 물어보라."

190

"어찌 지금 사문과 브라흐민에게 물을 필요가 있겠습니까?

저는 오늘 저 세상에 이익이 되는 것을 알았습니다.

191

참으로 부처님께서 저의 이익을 위하여 알라위에 머물기 위해 오셨습니다. 오늘 저는 베풀면 큰 결실을 맺는다는 것을 알았습니다.

192

온전히 깨달으신 분과 가르침의 훌륭함에 예경드리면서, 저는 마을에서 마을로 도시에서 도시로 돌아다니겠습니다."

1장 11
승리의 경

Vijaya-sutta [위자야 숫따]

193

걷거나 또는 서거나, 앉거나 또는 눕거나, 구부리거나 또는
편다. 이것이 몸의 동작이다.

194

뼈와 힘줄로 연결되고 피부와 살로 발라지고, 살가죽으로
덮여 있어 있는 그대로 보이지 않는다.

195

장으로 가득하고, 위, 간 덩어리, 방광, 심장, 폐, 신장, 비장
으로 가득 차 있다.

196
그리고 콧물, 점액, 땀, 임파액, 피, 관절액, 담즙, 지방,

197
또한 이 (몸의) 아홉 구멍에서는 항상 더러운 것이 흐른다.
눈에서는 눈곱이, 귀에서는 귀지가,

198
코에서는 콧물이, 입으로는 담즙과 가래를 토한다. 그리고
몸에서는 땀과 때가 나온다.

199
또한 이것의 속이 빈 두개골은 뇌로 가득하다. 어리석은 자는
(그) 어리석음에 이끌려서 그것을 아름다운 것으로 생각한다.

200
그러나 죽어서 누울 때에는 부풀고 검푸르게 되고, 묘지에
버려져 친척들도 돌보지 않는다.

201
개들과 재칼들, 여우들, 벌레들이 그것을 먹고, 까마귀들과
독수리들, 그리고 어떤 다른 생물들이 있든지 간에 (그것을)
먹는다.

202

이 세상에서 지혜로운 수행자는 부처님의 말씀을 듣고 진정
으로 그것을 이해한다. 왜냐하면 그는 (몸을) 있는 그대로
보기 때문이다.

203

저 죽은 송장도 전에는 이 몸과 같았을 것이고, 이 몸도 언
젠가는 저 죽은 송장과 같이 될 것이다.[37] (이처럼 알고) 안
으로나 밖으로나 몸에 대한 욕망에서 벗어나야 한다.

204

이 세상에서 지혜를 갖추고, 욕구와 욕망에서 벗어난 수행
자는 열반의 변함없는 경지인 불사의 평온에 이르렀다.

205

더럽고 악취가 나는 두 발을 가진 (이 몸은 잘) 돌보아진다.
(그러나) 온갖 오물로 가득 차 있어 여기저기서 흘러나오고
있다.

206

이와 같은 몸을 가지고 있으면서, 생각건대 교만하거나 남
을 멸시한다면 통찰력이 없는 것이 아니고 무엇이겠는가.

1장 12

성자의 경

Muni-sutta[무니 숫따]

207

친밀함에서 두려움이 생기고, 거처에서 먼지가 생긴다.[38) 거
처도 없고 친밀함도 없는 이것이 참으로 성자의 통찰이다.

208

이미 생겨난 (번뇌는) 뿌리째 잘라 버리고, (새로 번뇌를)
심지 않고, (미래에 번뇌가) 자라도록 물기를 주지 않는다
면, 그를 홀로 유행하는 성자라 부른다. 그 위대한 선인은
평안의 경지를 본 것이다.

209

(번뇌의) 근본을 살피고, (그) 씨앗을 부수고, (자라도록)
물기를 주지 말아야 한다. 태어남과 죽음의 끝을 본 성자는

헛된 견해를 버리고 헤아려지지 않는다.[39]

210

(윤회의) 모든 거처[40]들을 알아, 그것들의 어떤 것도 바라지 않는 그와 같은 성자는, 참으로 탐욕에서 벗어나고 욕심에서 벗어나 더 이상 구할 바가 없다. 그는 저 언덕에 이미 도달했기 때문이다.

211

모든 것을 극복하고, 모든 것을 알고, 지혜롭고, 모든 것에 더럽혀지지 않은, 모든 것을 버리고, 갈애의 부숨으로 해탈한 분, 지혜로운 이조차도 그를 성자로 안다.

212

지혜의 힘이 있고, 계행과 덕행을 갖추고, 마음이 집중되고, 명상을 좋아하고, 마음집중이 있고, 집착에서 벗어나고, 마음의 황무지가 없고, 번뇌가 없는 분, 지혜로운 이조차도 그를 성자로 안다.

213

홀로 행각[41]하는 성자, 깨어 있고, 칭찬과 비난에 흔들리지 않고, 소리에 놀라지 않는 사자처럼, 그물에 걸리지 않는 바람처럼, (진흙) 물에 더러워지지 않는 연꽃처럼, 남에 의해 인도되지 않는, 다른 사람들의 인도자, 지혜로운 이조차도 그를 성자로 안다.

214

남들이 극단적인 말을 해도 목욕하는 곳의 기둥[42]처럼 흔들림이 없고, 욕망이 없이 감각기관이 잘 다스려진 분, 지혜로운 이조차도 그를 성자로 안다.

215

참으로 확고하고 (베틀의) 북처럼 똑바르고, 바르고 그른 (행동을) 관찰하여 악한 행동에 넌더리를 치는 분, 지혜로운 이조차도 그를 성자로 안다.

216

자아절제로 악을 짓지 않고, 젊었을 때나 중년의 나이거나 자신을 절제하는 성자, 성나게 되지도 않고, 다른 사람을 성나게 하지도 않는 분, 지혜로운 이조차도 그를 성자로 안다.

217

다른 사람이 준 것으로 살아가는 사람이 (그릇의) 가장 위의 것으로부터, 또는 중간 것으로부터, 또는 남은 것으로부터 (탁발 음식을) 얻을 수도 있다. (어떤 음식을 얻었건 음식 준 사람을) 칭찬하지도 않고 욕하지도 않는 분, 지혜로운 이조차도 그를 성자로 안다.

218
성행위를 끊고 유행하는 성자, 젊은 시절에 어떤 것에도 묶이지 않고, 술 취함과 게으름을 삼가고, 해탈한 분, 지혜로운 이조차도 그를 성자로 안다.

219
세상을 알고, 궁극의 진리를 보고, (윤회의) 홍수와 바다를 건넌 그와 같은 분, 속박을 끊고, 집착하지 않고, 번뇌에서 벗어난 분, 지혜로운 이조차도 그를 성자로 안다.

220
재가자는 아내를 부양하고, 덕 있는 이는 내 것이 없어, 이들 둘은 처소와 사는 것이 달라 같지 않다. 재가자는 살아 있는 생물의 살생을 절제하기 어렵지만, 성자는 절제하기 때문에 생명 있는 생물을 항상 보호한다.

221
하늘을 나는 목이 푸른 공작새가 백조의 빠름을 결코 따라잡을 수 없는 것처럼, 재가자는 홀로 떨어져서 숲에서 명상하는 성자, 비구에게 미치지 못한다.

2장
작은 장

Cūla-vagga
[쭐라 왁가]

산찌 탑은 기원전 250년경 아소까 왕이 건축한 석조로 된 가장 아름다운
부처님 사리탑이다. 기원전 2세기 간다라에서 불상이 처음 만들어지기
전에 인도에서는 감히 부처님 모습을 조각하지 못하고, 불상 대신 부처
님 가르침의 상징인 법륜이나 깨달음을 얻은 보리수나무, 불교 상징인
연꽃, 부처님 발자국 등을 조각하여 예경하였다. 법륜은 '부처님은 바라
나시의 사슴동산에서 다섯 명의 비구들에게 가장 처음으로 가르침의 바
퀴를 굴리셨다.'(상윳따 니까야 56:11)는 불교 역사의 가장 중요한 순간
을 나타내고 있다. 가르침을 수레바퀴로 표현한 것은 부처님의 가르침
이 끊이지 않고 퍼져나감을 상징한다.

2장 1
보배의 경[43]

Ratana-sutta[라타나 숫따]

222

여기 모인 살아 있는 존재들은
땅에 있는 것이나 또는 공중에 있는 것들이나
모든 존재들은 행복하기를!
그리고 주의 깊게 이 말을 들어라.

223

그러므로 모든 존재들은 귀를 기울이라.
밤낮으로 제물을 바치는
인간의 자손들에게 자애를 베풀어라.
그러므로 주의를 기울여 그들을 보호하라.

224

이 세상이나 저 세상에 무슨 재물이 있더라도,
또는 훌륭한 보배가 천상에 있더라도,
참으로 여래와 견줄 만한 것은 없다.
이 훌륭한 보배는 부처님 안에 있다.
이 진리에 의해 행복이 있기를!

225

집중된 마음으로 사꺄 족의 성자께서 성취한
(갈애의) 부숨, 욕망의 소멸, 죽음이 없는 최상의 경지,
그 가르침과 견줄 만한 것은 아무것도 없다.
이 훌륭한 보배는 가르침 안에 있다.
이 진리에 의해 행복이 있기를!

226

가장 훌륭한 붓다께서 찬탄한 순수한 삼매란
'끊이지 않고 계속 이어지는 삼매'[44]라고 그들은 말한다.
그 삼매와 견줄 만한 것은 아무것도 없다.
이 훌륭한 보배는 가르침 안에 있다.
이 진리에 의해 행복이 있기를!

227

선한 분들에 의해 칭찬받는

네 쌍으로 되는 여덟 분들이 있다.[45]
(바른 길을) '잘 가신 분'의 제자들은 공양받을 만하고,
그들에게 공양한 것은 큰 결실이 있다.
이 훌륭한 보배는 승가 안에 있다.
이 진리에 의해 행복이 있기를!

228

감각적 쾌락에서 벗어난 사람들은
굳건한 마음으로 고따마의 가르침에 잘 머물게 된다.
그들은 성취해야 할 것을 성취하고,
불사(不死)에 뛰어들어[46] 무상으로 얻은 평온을 즐긴다.
이 훌륭한 보배는 승가 안에 있다.
이 진리에 의해 행복이 있기를!

229

땅에 (깊이) 묻혀 있는 기둥이
사방의 바람에도 흔들리지 않는 것처럼,
마찬가지로 거룩한 진리를 선명하게 보는
'선한 분'이 이와 같다고 나는 말한다.
이 훌륭한 보배는 승가 안에 있다.
이 진리에 의해 행복이 있기를!

230
심오한 지혜를 가진 분에 의해 잘 설해진
거룩한 진리를 선명하게 이해하는 사람들은 그들이 설사
매우 게으르다 하더라도 여덟 번째의 존재를 받지 않는다.[47]
이 훌륭한 보배는 승가 안에 있다.
이 진리에 의해 행복이 있기를!

231
통찰을 성취함과 동시에 세 가지가 버려진다.
자아가 존재한다는 그릇된 견해,[48] 의심,
계율과 계행에 대한 그릇된 견해가 버려진다.
네 가지의 나쁜 상태[49]로부터 벗어나고,
여섯 가지 큰 죄[50]를 짓는 것은 불가능하다.
이 훌륭한 보배는 승가 안에 있다.
이 진리에 의해 행복이 있기를!

232
설사 그가 몸으로, 말로, 마음으로 악한 행동을 하였더라도
그는 그것을 숨길 수 없다.
(열반의) 길을 본 사람은 숨길 수 없다고 말들 한다.
이 훌륭한 보배는 승가 안에 있다.
이 진리에 의해 행복이 있기를!

2장 작은 장 • 91

233
여름철 첫 번째 달의 더위에
다채로운 색깔로 꽃을 피운 숲의 수풀처럼,
이처럼 그분은 모두에게 가장 큰 이익이 되는,
열반으로 이끄는 가장 훌륭한 가르침을 설하셨다.
이 훌륭한 보배는 부처님 안에 있다.
이 진리에 의해 행복이 있기를!

234
뛰어난 것을 아는 뛰어난 분, 뛰어난 것을 주는 분,
뛰어난 것을 가져오는 분, 위없는 분은
훌륭한 가르침을 설하셨다.
이 훌륭한 보배는 부처님 안에 있다.
이 진리에 의해 행복이 있기를!

235
과거는 부서지고 새로운 태어남은 없다.
마음은 미래의 존재에 집착하지 않고
다시 태어남의 씨앗은 부서졌다.
(씨앗의) 성장을 위한 욕망은 없다.
지혜로운 이들은 등불처럼 꺼져 버렸다.
이 훌륭한 보배는 승가 안에 있다.
이 진리에 의해 행복이 있기를!

236
어떤 존재들이 여기 함께 왔든지,
땅에 있는 것이나 또는 공중에 있는 것이나,
신들과 인간들에 의해 공경받는 여래,[51]
부처님께 예경드리자. 행복이 있기를!

237
어떤 존재들이 여기 함께 왔든지,
땅에 있는 것이나 또는 공중에 있는 것이나,
신들과 인간들에 의해 공경받는 여래,
가르침에 예경드리자. 행복이 있기를!

238
어떤 존재들이 여기 함께 왔든지,
땅에 있는 것이나 또는 공중에 있는 것이나,
신들과 인간들에 의해 공경받는 여래,
승가에 예경드리자. 행복이 있기를!

2장 2

비린내의 경[52]

Āmagandha-sutta [아마간다 숫따]

239

(과거불 깟사빠 부처님과 고행자 띳사의 대화)

(고행자 띳사가 말했다.) "야생 조, 풀 씨앗, 야생 콩, 잎, 뿌리, 넝쿨 열매를 바르게 얻어서 먹는 사람들은 감각적 쾌락을 갈망하여 거짓말을 하지 않습니다.

240

다른 사람이 준, 잘 준비되고 잘 만들어진, 깨끗하고 훌륭한 것을 먹으면서, 맛있는 밥을 즐긴다면, 깟사빠여, 그것은 비린 것을 먹는 것입니다.

241

브라흐마 신의 친척인 그대는 잘 준비된 새의 고기와, 맛있는 밥을 즐기면서도 '비린 것은 나에게 맞지 않는다.'고 이처럼 말합니다. 깟사빠여, 그 뜻을 그대에게 묻습니다. 비린 것이란 어떤 것입니까?"

242
(깟사빠가 말했다.) "생명을 해치고, 죽이고, 자르고, 묶고, 훔치고, 거짓말하고, 사기, 기만, 위선, 남의 아내와 교제, 이것이 비린 것이지 육식이 비린 것이 아니다.

243
이 세상에서 감각적 쾌락을 절제하지 못하고, 맛에 대하여 탐욕스럽고, 깨끗하지 못한 것과 어울리고, 허무론적 견해를 가지며, 그릇되고, 종잡을 수 없는 사람들, 이것이 비린 것이지 육식이 비린 것이 아니다.

244
거칠고, 잔혹하고, 등 뒤에서 욕하고, 친구를 배신하고, 자비가 없고, 교만하고, 인색해서 어떤 누구에게도 베풀지 않는 사람들, 이것이 비린 것이지 육식이 비린 것이 아니다.

245
성냄, 교만, 완고함, 적대, 사기, 질투, 허풍, 자만과 교만, 저열한 사람들과의 사귐,

이것이 비린 것이지 육식이 비린 것이 아니다.

246

악한 행동을 하고, 빚을 갚지 않고, 중상하는 자, 상거래에서 기만하고, 속이고, 이 세상에서 잘못을 행하는 아주 비열한 사람, 이것이 비린 것이지 육식이 비린 것이 아니다.

247

이 세상에서 살아 있는 존재들에 대하여 자제하지 못하고, 남의 것을 빼앗고, 남을 괴롭히려고 애쓰고, 계행을 지키지 않고, 잔혹하고, 거칠고, 공경심이 없는 사람들, 이것이 비린 것이지 육식이 비린 것이 아니다.

248

살아 있는 존재들에 대하여 탐욕스럽고, 적대적이고, 공격적이고, 항상 (나쁜 일에) 바쁜 사람들은 죽은 후 어두운 곳으로 가고, 머리를 거꾸로 지옥에 떨어진다. 이것이 비린 것이지 육식이 비린 것이 아니다.

249

고기나 생선을 먹지 않는 것이나, 단식하거나, 벌거벗거나, 삭발하거나, 타래 머리를 하거나, 먼지를 뒤집어쓰거나, 거친 가죽 옷을 입거나, 제식용 불을 섬기거나, 또는 이 세상

에서 불사(不死)를 얻기 위한 많은 고행, 진언, 봉헌, 희생제,
계절에 따른 의식 거행도, 의혹을 극복하지 못한 사람을 깨
끗하게 할 수 없다.

250
(감각의) 흐름 속에서 (자신을) 지키고, 가르침에 굳건히 서
서 올곧음과 온화함을 기뻐하고, 감각기관을 절제하고 유행
하라. 집착에서 벗어나고, 모든 괴로움을 제거한 지혜로운
분은, 본 것이나 들은 것에 더럽혀지지 않는다."

251
이처럼 (깟사빠) 부처님은 되풀이하여 이 일을 말씀하셨다.
베다를 통달한 브라흐민(고행자 띳사)은 그것을 이해하였
다. 비린 것을 떠난, 집착 없는, 그 (깊이를) 알 수 없는 성자
는 다양한 게송으로써 말씀하셨다.

252
모든 괴로움의 제거와 비린 것을 떠난 잘 설해진 (깟사빠)
부처님의 말씀을 듣고, 겸허한 마음으로 그는 여래께 예경
을 드렸다. 바로 거기서 그는 출가를 청원하였다.

2장 3

부끄러움의 경

Hiri-sutta[히리 숫따]

253

부끄러움을 무시해 버리고 싫어하면서 '나는 친구다.'라고 말하면서도, 할 수 있는 일들을 도와주지 않는 사람, 그를 나의 (친구가) 아니라고 알아야 한다.

254

친구들 사이에서 행함이 없이 기분 좋은 말만 앞세운 사람, 그를 말만 하지 행함이 없는 사람이라고 지혜로운 이는 확실히 안다.

255

(우정이) 깨질까 염려하여 항상 정신을 바짝 차리면서도 (친구의) 결점만 보는 사람은 친구가 아니다. 아들이 (어머

니의) 품에 기대듯이 의지하고, 다른 사람 때문에 (우정이)
깨지지 않는 사람이야말로 참으로 그는 친구이다.

256
좋은 결과를 바라는 사람은 인간의 짐을 지고, 찬탄을 가져
오는 행복과 기쁨을 낳는 터전을 닦는다.

257
홀로 있는 한적함을 맛보고, 고요함을 맛보고, 가르침 속에
서 기쁨을 맛보고, 악에서 벗어나고, 고뇌에서 벗어난다.

2장 4
큰 축복의 경[53]

Mahāmaṅgala-sutta [마하망갈라 숫따]

이와 같이 나는 들었다. 한때 부처님은 사왓티의 제따 숲의 아나타삔디까 승원에 계셨다. 그때 밤이 기울어서 어떤 신이 아름다운 빛으로 제따 숲을 두루 비추고 존귀하신 분이 계신 곳으로 다가가서 예를 드리고 한쪽에 섰다. 한쪽에 서서 그 신은 시로써 말했다.

258
"많은 신들과 인간들은 행복을 바라면서
축복에 대하여 생각하였습니다.
최상의 축복을 말씀해 주십시오."

259
"어리석은 사람을 가까이하지 않으며,

지혜로운 사람을 가까이하며,
공경할 만한 사람을 공경하는 것,
이것이 으뜸가는 축복이다.

260
적합한 곳에서 살고,
지난 생에 지은 공덕이 있고,
스스로 바른 서원을 하는 것,
이것이 으뜸가는 축복이다.

261
많이 배우고, 기술을 익히고,
잘 배운 수행과 잘 설해진 말,
이것이 으뜸가는 축복이다.

262
어머니와 아버지를 돌보고,
아내와 자녀들을 보살피고,
일이 혼란하지 않으니,
이것이 으뜸가는 축복이다.

263
베풀고, 정의로운 삶을 살고,

친척을 보살피고,
비난받지 않는 행동을 하는 것,
이것이 으뜸가는 축복이다.

264

악을 싫어하여 멀리하고,
술을 절제하고,
가르침 속에서 깨어 있는 것,
이것이 으뜸가는 축복이다.

265

존경과 겸손과 만족과 감사
그리고 때맞추어 가르침을 듣는 것,
이것이 으뜸가는 축복이다.

266

인내하고, 온화하고, 수행자들을 만나고,
때맞추어 가르침을 논의하는 것,
이것이 으뜸가는 축복이다.

267

수행을 하고, 청정한 삶을 살고,
거룩한 진리를 통찰하고,

열반을 성취하는 것,
이것이 으뜸가는 축복이다.

268
세상일에 부딪쳐도
마음이 흔들리지 않으며,
슬픔 없이 티 없이 온전히 평온한 것,
이것이 으뜸가는 축복이다.

269
이와 같이 행하면
어디에서든 실패하지 않고,
모든 곳에서 행복을 얻는다.
이것이 으뜸가는 축복이다."

2장 5

수찔로마의 경

Sūciloma-sutta [수찔로마 숫따]

이와 같이 나는 들었다. 한때 부처님은 가야에 있는 땅끼따만짜의 약카 수찔로마의 집에 계셨다. 그때 약카 카라와 약카 수찔로마가 부처님이 계신 곳에서 멀지 않은 곳을 지나가고 있었다. 그때 약카 카라가 약카 수찔로마에게 말했다.

"이 분은 사문이다."

"그는 사문이 아니다, 그는 엉터리 사문이다. 그가 사문인지 또는 엉터리 사문인지 내가 알아낼 때까지는 (그는 사문이 아니다)."

그래서 약카 수찔로마는 부처님이 계신 곳으로 다가갔다. 다가가서는 몸을 부처님에게 구부렸다. 그래서 부처님은 몸을 피하셨다.

"그대는 나를 두려워하는군요, 사문이여."

"나는 그대를 두려워하지 않는다, 친구여. 그러나 그대의 부딪침은 좋지 않다."

"사문이여, 그대에게 질문을 하겠습니다. 만일 나에게 대답을 하지 못한다면 그대의 마음을 어지럽히거나, 또는 그대의 심장을 부수거나, 또는 두 발을 잡아 갠지스 강 너머로 던지겠소."

"친구여, 데와, 마라, 브라흐마를 포함한 세계에서 사문과 브라흐민, 신들과 인간을 포함한 존재들 가운데, 나의 마음을 어지럽히거나, 또는 심장을 부수거나, 또는 두 발을 잡아 갠지스 강 너머로 던질 수 있는 자를 나는 보지 못했다. 그러나 친구여, 그대가 원하는 것을 묻거라."

그래서 약카 수찔로마는 부처님께 게송으로 말하였다.

270
"욕망과 증오는 어디에서 일어납니까? 싫어함과 좋아함과 오싹한 공포는 어디에서 일어납니까? 마치 어린아이들이 (잡았던) 까마귀를 놓아주듯이, (풀려난) 마음의 생각들은 어디에서 일어납니까?"

271
"욕망과 증오는 자기 자신에게서 일어난다. 싫어함과 좋아함과 오싹한 공포도 자기 자신에게서 일어난다. 마치 어린아이들이 (잡았던) 까마귀를 놓아주듯이, 마음의 생각들도 자신에게서 일어난다.

272

뱅골 보리수의 둥치에서 (싹이) 생겨 뻗어 나간 것처럼, (이
런 경향들은) 애정에서 생기고, 자기 자신에게서 일어난다.
숲에서 뻗어 나간 말루와 덩굴처럼 (사람들은) 감각적 쾌락
에 얽매여 있다.

273

어디에서 생겨나는지를 아는 사람들은 그것을 제거한다. 약
카여 듣거라. 그들은 다시 태어나지 않기 위하여, 전에 건넌
적이 없는 건너기 어려운 이 홍수를 건넌다."

2장 6

정의로운 삶의 경

Dhammacariya-sutta [담마짜리야 숫따]

274

정의로운 삶, 거룩한 삶, 이것을 으뜸가는 재물이라고 말한
다. 집에서 집 없는 곳으로 출가한 자라도 마찬가지이다.

275

그가 만일 천성적으로 거친 말을 하고, 남을 해치는 것을 좋
아하는 짐승 같다면, 그의 삶은 더욱 악해지고, 자신의 더러
움을 증가시킨다.

276

논쟁을 좋아하고, 어리석은 성품으로 덮여 있는 수행자는,
부처님에 의해서 설해지고 천명된 가르침조차 알지 못한다.

277

그는 어리석음에 이끌려 잘 수행한 사람들을 괴롭히고, 번뇌가 지옥으로 이끄는 길임을 알지 못한다.

278

모태에서 모태로, 암흑에서 암흑으로 괴로운 곳에 도달하여, 참으로 그런 수행자는 죽은 후 괴로움을 겪는다.

279

똥구덩이가 세월이 지나면 가득하게 되어 깨끗이 하기 어려운 것처럼, 마찬가지로 더러움으로 가득한 사람은 참으로 깨끗하게 하기 어렵다.

280

비구들이여! 그와 같은 사람은 세속의 삶에 집착하고, 나쁜 의도를 갖고, 나쁜 생각을 갖고, 나쁜 행동을 하고, 나쁜 영역에 있는 사람임을 알아야 한다.

281

그대들 모두는 화합하여 그를 피하여야 한다. 먼지를 날려 버려라. 쓰레기를 내던져 버려라.

282

그런 후에 왕겨들을 몰아내라. 사문이 아니면서 사문인 척
하는 자들, 나쁜 의도를 가진 자들, 나쁜 행동을 하고 나쁜
영역에 있는 자들을 날려 버리고,

283

청정하라. 마음을 집중하여 청정한 사람과 함께 지내라. 화
합하고 신중하게 (살면) 그대들은 괴로움의 종식을 이룰 것
이다.

2장 7

브라흐민에게 합당한 것의 경

Brāhmaṇadhammika-sutta [브라흐마나담미까 숫따]

이와 같이 나는 들었다. 한때 부처님은 사왓티의 제따 숲의 아나타삔디까 승원에 계셨다.

그때 연로하고, 늙고, 만년에 이르고, 노령에 도달한 꼬살라의 부유한 많은 브라흐민들은 부처님이 계신 곳으로 갔다. 가서 부처님과 친밀한 인사를 주고받고 한쪽에 앉았다. 그리고 그들 부유한 브라흐민들은 부처님께 이와 같이 말하였다.

"고따마님, 지금의 브라흐민들은 옛날의 브라흐민의 '브라흐민 관습'을 따릅니까?"

"브라흐민이여, 지금의 브라흐민들은 옛날의 브라흐민의 '브라흐민 관습'을 따르지 않습니다."

"그러면, 고따마 존자님, 괜찮으시다면, 옛날의 브라흐민의 '브라흐민 관습'을 말씀해 주시면 좋겠습니다."

"그러면 브라흐민들이여, 주의를 기울여 잘 들으시오. 내가 말하겠소."

"그렇게 하겠습니다, 존자님."

그들 부유한 브라흐민들은 부처님께 대답하였다.

부처님은 이와 같이 말씀하셨다.

284

"옛날의 성인들은 자신을 다스렸고, (자신을 다스리는 데) 준엄하였소. 그들은 다섯 가지 감각의 쾌락[54]을 버리고, 자기 자신의 행복을 위하여 유행하셨소.

285

브라흐민들은 가축도 없고, 황금도 없고, 재물도 없었소. (베다를) 외우는 것을 재물과 곡식으로 삼아 브라흐마 신의 보물[55]을 지켰소.

286

보시자들은 생각하기를 '브라흐민을 위해 준비된 것은 무엇이든지, 대문 앞에서 준비한 음식이 무엇이든지, 믿음으로 준비된 것을 찾는 사람에게 주어야 한다.'고 생각했소.

287

가지각색으로 된 옷들, 침대, 집을 가진 부유한 지방과 왕국의 사람들은 그들 브라흐민들을 공경하였소.

288

브라흐민들은 법으로 보호되었기에 그들을 해칠 수 없었고, 재물을 강압적으로 빼앗을 수 없었소. 가정집 문간에서 아무도 (탁발 나온) 그들을 전혀 방해하지 않았소.

289

그들은 48년 동안 청년 (브라흐민의) 독신의 삶을 살았고, 예전의 브라흐민들은 지혜와 덕행을 추구하였소.

290

브라흐민들은 (아내를 얻으려고) 다른 (계급으로) 가지 않았고,[56] 또한 아내를 사지 않았소. 다만 서로 만나서 사랑으로 함께 살고 함께 기뻐하였소.

291

브라흐민들은 성행위에 빠져 아내를 두고 다른 어떤 (여자)에게로 가지 않았소.

292

그들은 청정한 삶, 계행, 정직, 온화함, 고행, 절제, 자비 그리고 인내를 칭찬했소.

293

그들 중에서 군건한 노력을 하는 으뜸가는 브라흐민이 있었는데, 그는 꿈속에서조차 성행위에 빠지지 않았소.

294

그의 모범을 따라서 이 세상의 일부 지혜로운 사람들은, 청정한 삶과 계행과 인내를 또한 칭찬했소.

295

쌀, 침구, 의복 그리고 버터와 기름을 탁발하여 올바르게 모아서 그것으로 제사를 지냈소. 제사를 지낼 때 소들은 잡지 않았소.

296

어머니, 아버지, 형제, 또는 다른 친척들과 마찬가지로 소들은 약을 생산하는 우리들의 가장 절친한 벗이오.

297

소들은 음식을 주고, 힘을 주고, 아름다움을 주고, 또한 기쁨을 주오. 이러한 이익이 있음을 알고서, 그들은 소들을 죽이지 않았소.

298

브라흐민들은 부드럽고, 몸이 크고, 용모가 아름답고, 명성
이 있고, 그들의 관습에 따라서 할 일은 하고, 하지 말아야
할 일은 하지 않으려고 노력하였소. 관습이 세상에 존재하
는 한 (브라흐민) 종족은 행복하게 번영하였소.

299

그들에게 변화가 생겼소. 점점 왕의 장엄함과 단장한 여인
들을 보고,

300

잘 만들어지고 멋지게 수놓인 명마가 이끄는 수레들, (잘)
설계되고, (여러) 부분으로 나뉜 집들과 거처들을 (보고서),

301

소들의 무리에 둘러싸이고, 아름다운 여인들의 무리를 동반
하는, 인간의 막대한 재물을 브라흐민들은 갈망하였소.

302

그래서 그들은 베다의 진언들을 편찬하고 옥까까 (왕)에게
갔소. '당신은 재물도 곡식도 풍부합니다. 제사를 지내십시
오, 당신의 재산은 많습니다. 제사를 지내십시오, 당신의 재
물은 많습니다.'

303

그래서 전차 위의 정복자인 왕은 브라흐민들에 의해 설득되어, 말 희생제, 인간 희생제, 창을 던지는 제사, 소마주 봉헌의 제사, 장애 없는 제사,[57] 이런 제사들을 지내고 브라흐민들에게 재물을 주었소.

304

소들과, 침구와, 의복과 단장한 여인들 그리고 잘 만들어지고 멋지게 수놓인 명마가 이끄는 수레들,

305

(여러) 부분으로 잘 나뉜 아름다운 집들을 다양한 곡식으로 가득 채워서 브라흐민들에게 재물로 주었소.

306

그래서 그들은 재물을 얻어 축적하는 것을 기뻐하였소. 탐욕에 깊이 빠져서 그들의 갈애는 더욱더 늘어만 갔소. 그래서 그들은 (베다의) 주문을 편찬하고 다시 옥까까 (왕)에게 갔소.

307

'물과 토지와 금과 재물과 곡식이 살아 있는 존재들에게 필수품이듯이, 소들도 인간의 필수품입니다. 제사를 지내십시

오, 당신의 재산은 많습니다. 제사를 지내십시오, 당신의 재물은 많습니다.'

308

그래서 전차 위의 정복자인 왕은 브라흐민들에 의해 설득되어 수백, 수천 마리의 소들이 제사에서 도살되었소.

309

발로도, 뿔로도, 다른 어떤 것으로도 소들은 해치지 않소. 그들은 양같이 유순하고 항아리 가득 우유를 주오. (그런데도) 왕은 뿔을 잡고서 칼로 죽이도록 하였소.

310

칼이 소들 위에 떨어졌을 때, 데와 신, 조상들, 인드라 신, 아수라, 나찰들이 '옳지 않다.'고 소리쳤소.[58]

311

전에는 욕망, 굶주림, 늙음의 세 가지 병들이 있었소. 그러나 소들의 도살로 말미암아 98가지 (병들이) 생겼소.

312

(우리에게) 내려온 이 폭력의 옳지 못함은 옛날부터 있었소. 죄 없는 (소들은) 도살되고, 제관은 '올바름'에서 멀어졌소.

313

이와 같이 예전의 이런 좋지 못한 관행은 지혜로운 이의 비난을 받아 왔소. 이와 같은 (관행을) 보는 곳에서는 사람들은 제관을 비난하였소.

314

이와 같이 정의가 무너질 때, 노예와 평민이 나뉘고, 왕족들은 여러 갈래로 나뉘었소. 아내는 남편을 경멸하게 되었소.

315

왕족들과 브라흐마 신의 친척,[59] 그리고 종족에 의해 보호를 받던 다른 사람들은 태생[60]에 대한 말을 치워 버리고, 감각적 쾌락의 영향에 사로잡히게 되었소."

이와 같이 말씀하시자 부유한 브라흐민들은 부처님께 이렇게 말했다.

"존자 고따마여 훌륭하십니다, 존자 고따마여 훌륭하십니다. 마치 넘어진 것을 일으켜 세우듯이, 가려진 것을 열어 보이듯이, 길 잃은 자에게 길을 가리켜 주듯이, 눈 있는 자에게 형상을 보라고 어둠 속에 등불을 들어 (비추듯이), 바로 이렇게 고따마 존자님에 의해서 가르침이 여러 가지 방법으로 설명되었습니다.

우리는 고따마 존자님께 귀의합니다. 담마에 귀의합니다.

그리고 승가에 귀의합니다.

오늘부터 목숨이 다할 때까지 귀의하오니, 고따마 존자님은 저희들을 재가 신자로 받아 주십시오."

2장 8

배의 경

Nāvā-sutta [나와 숫따]

316

누군가로부터 가르침을 배워 알았다면, 마치 신들이 인드라 신을 공경하듯이 그를 공경해야 한다. 많이 배운 사람은 공경을 받으면 기쁜 마음으로 가르침을 열어 보인다.

317

지혜로운 이는 가르침에 주의를 기울이고 살펴서 그것을 실천한다. 그와 같은 사람을 가까이 하고 게으르지 않으면, 그는 식견 있는 자, 지혜로운 자, 슬기로운 자가 된다.

318

(가르침의) 의미를 알지 못하고, 시기심 있는 소인배와 어리석은 자를 섬기는 사람은, 이 세상에서 진리를 알지 못하고

의혹을 해결하지 못한 채 죽음에 이른다.

319

범람하는 격류의 강에 빠져서 물결을 따라 떠내려가는 사람처럼, 어떻게 그가 다른 사람을 건너게 할 수 있겠는가?

320

마찬가지로 가르침을 잘 알지 못하고, 많이 배운 이에게서 그 의미를 듣지도 않고, 자기 자신도 알지 못하고, 의혹을 해결하지 못한 사람이 어떻게 다른 사람들을 이해하도록 할 수 있겠는가.

321

마치 튼튼한 배를 탄 사람이 노와 키를 갖추고 그것에 관한 방법을 알고, 능숙하고, 지혜롭다면, 다른 많은 사람들을 건너게 할 수 있는 것과 같다.

322

이처럼 또한 최상의 지혜를 얻은 사람, 잘 수행된 사람, 많이 배운 사람, 흔들리지 않는 성품을 가진 사람은 자신이 알고 있기 때문에, 주의 깊게 들으려는 능력을 가진 다른 사람들을 이해시킬 수 있다.

323

그러므로 지혜롭고, 많이 배운 선한 분을 가까이하라. 의미를 알고, (그 길을) 따르면서 가르침을 이해하면 그는 평안을 얻으리라.

2장 9
어떤 도덕적 행동의 경

Kiṃsīla-sutta [낑실라 숫따]

324

어떤 도덕적 행동을 가지고, 어떤 실천을 하고, 어떤 행동들을 발전시켜야 사람이 바르게 정립되고 최상의 목표를 얻을 수 있을까?

325

웃어른을 공경하고, 시기하지 않고, 스승들을 뵙는 적당한 때를 알아야 한다. 가르침을 설하시는 알맞은 기회를 알아 잘 설해진 말씀을 주의 깊게 들으라.

326

완고함을 버리고 겸손한 태도로 적합한 때에 스승들을 찾아가라. 가르침과 그 의미와, 절제와, 청정한 삶을 마음에 새

기고 실천하라.

327
가르침에서 즐거워하고, 가르침에서 기뻐하고, 가르침에 머물고, 가르침의 뜻을 알고, 가르침을 더럽히는 말을 해서는 안 된다. 잘 설해진 진리에 따라 살아야 한다.

328
농담, 잡담, 한탄, 증오, 속이는 행동, 위선, 탐욕과 자만, 격분, 난폭, 더러움, 탐착을 버리고, 교만 없이, 자신을 확고히 세우고 유행하라.

329
핵심이 이해된 말들은 잘 설해진 것이다. 배운 것이 이해될 때 (그것은) 집중의 핵심이다. 성급하고 게으른 사람의 배움과 지혜는 늘어나지 않는다.

330
거룩한 분께서 설하신 가르침에서 기뻐하는 사람들은 생각과, 말과, 행동이 뛰어나다. 평온과 온화와, 집중에 잘 세워져서, 그들은 배움과 지혜의 핵심을 얻었다.

2장 10
정진의 경

Uṭṭhāna-sutta [웃타나 숫따]

331

일어나라! (명상을 위해) 앉으라!
잠을 잔다고 그대들에게
무슨 이익이 있겠느냐?
화살을 맞아 괴로워하고 고통받는 이에게
참으로 잠이 웬 말이냐?

332

일어나라! (명상을 위해) 앉으라!
고요함을 (얻기) 위해 열심히 수행하라.
죽음의 왕이 그대들이 게으른 것을 알고
손아귀에 넣어 현혹하지 못하게 하라.

333

신과 인간들이 집착하여 머물고
욕망을 내는 이 집착을 벗어나라.
순간을 헛되이 보내지 말라.
기회를 놓친 사람들은 지옥에 넘겨져 슬퍼한다.

334

주의 깊지 못함은 (번뇌의) 먼지이다.
(번뇌의) 먼지는 주의 깊지 못한 데서 일어난다.
깨어 있음에 의해, 지혜에 의해 자신의 화살을 뽑아라.

2장 11

라훌라의 경

Rāhula-sutta [라훌라 숫따]

335

"항상 함께 지내기 때문에 너는 어진 이를 얕보는 것이 아니
냐? 인간을 위해 횃불을 비추는 분을 너는 존경하느냐?"

336

"항상 함께 지낸다고 해서 저는 어진 이를 얕보지 않습니다.
인간을 위해 횃불을 비추는 분을 저는 존경합니다."

337

"기분 좋은 대상, 마음을 기쁘게 하는 다섯 가지 감각적 쾌
락들을 버리고, 믿음으로 집에서 집을 떠나 괴로움을 끝내
는 사람이 되라.

338

선한 친구와 사귀라. 소음이 적은 한적한, 외떨어진 거처로
가라. 음식에 적당량을 알라.

339

가사, 탁발 음식, 필수 의약품, 침구와 깔개, 이것들에 대하
여 열망하지 말라. 세상으로 다시 돌아가지 말라.

340

다섯 가지 감각기관을 절제하고, 계율의 항목에 따라 절제
하라. 몸에 대하여 마음집중을 하라. (윤회하는) 세상에 대
하여 아주 싫어하라.

341

기분 좋고 욕망에 연결된 겉모양을 피하라. 기분 좋지 않은
대상에 대하여 집중되고 하나 된 마음을 닦아라.

342

('나'라는) 상(相)이 없음을 닦아라. 교만의 잠재적 경향을 버려
라. 그러면 교만의 온전한 이해에 의해 평온하게 유행하리라."

이처럼 부처님은 이런 게송으로 라훌라 존자에게 되풀이해
가르치셨다.

2장 12

왕기사의 경

Vaṅgīsa-sutta [왕기사 숫따]

이와 같이 나는 들었다. 한때 부처님은 알라위에 있는 악갈라와 사당에 계셨다. 그때는 존자 왕기사의 스승인 니그로다깝빠 장로가 악갈라와 사당에서 완전한 열반에 든 지 얼마 되지 않아서였다.

그때 홀로 명상에 잠겨 있을 때, 왕기사 존자의 마음에 이런 생각이 들었다. '나의 스승은 완전한 열반에 드신 것일까? 완전한 열반에 드시지 않은 것일까?' 그래서 왕기사 존자는 저녁 무렵에 명상에서 일어나 부처님이 계신 곳으로 갔다. 부처님께 인사를 드리고 한쪽에 앉았다. 한쪽에 앉은 왕기사 존자는 부처님께 이렇게 말하였다.

"부처님, 제가 홀로 명상에 잠겨 있을 때 이런 생각이 마음속에 일어났습니다. '나의 스승은 완전한 열반에 드신 것일까? 완전한 열반에 드시지 않은 것일까?' 라고요."

그리고 나서 왕기사 존자는 자리에서 일어나 가사를 한쪽 어깨에 걸치고 부처님께 합장하고 게송으로 말하였다.

343
"이 세상 모든 현상에서 의혹을 끊어 버리는 분, 최상의 지혜를 가지신 스승께 여쭙니다. 잘 알려지고, 명망 높고, 자아가 완전히 고요해진 비구가 악갈라와에서 돌아가셨습니다.

344
부처님, 당신은 그 브라흐민에게 '니그로다깝빠'라는 이름을 주셨습니다. 확고한 진리를 보는 분이여, 그는 해탈을 갈망하고, 굳건히 노력하며, 당신을 존경하면서 유행하였습니다.

345
넓은 통찰을 지닌 사꺄여, 저희들은 또한 모두 그 제자에 대하여 알고 싶습니다. 저희들의 귀는 들을 준비가 되어 있습니다. 당신은 우리의 스승이십니다. 당신은 가장 뛰어난 분이십니다.

346
저희들의 의혹을 끊어 주십시오. 그것을 저에게 말씀해 주십시오. 큰 지혜를 가지신 분이여, 그가 완전한 열반에 들었는지 알려 주십시오. 넓은 통찰을 지닌 분이여, 신들 가운데에서 천 개의 눈을 가진 삭까처럼, 저희들 가운데에서 말씀해 주십시오.

347
어떤 속박이 이 세상에 있든지 (그것은) 망상의 길이고, 어리석음과 어울려 의혹의 원인이 됩니다. 그러나 여래께 도달하면 그것들은 없어집니다. 참으로 그분의 눈은 인간 가운데 으뜸이기 때문입니다.

348
바람이 먹구름을 흩어 버리듯이 사람이 번뇌를 흩어 버리지 않는다면, 온 세상은 (먹구름으로) 뒤덮여 암흑이 될 것입니다. 또한 빛을 발하는 사람들도 빛나지 않을 것입니다.

349
그런데 지혜로운 사람들은 빛을 만드는 이들입니다. 그러므로 지혜로운 이여, 저는 당신이 그런 분이라고 생각합니다. 통찰력으로 보고 아시는 분께 저희들은 왔습니다. 대중 속에서 깝빠에 대하여 저희들에게 밝혀 주십시오.

350
아주 유쾌한 음성으로 어서 말씀을 설하소서. 백조가 (목을)

앞으로 빼고 부드럽게 울듯이, 잘 다듬어진 아주 원만한 음성
으로 말씀해 주십시오. 저희 모두는 명심해서 듣겠습니다.

351
태어남과 죽음을 남김없이 버린 청정한 분께 청하여 가르침
을 들을 것입니다. 일반 사람들은 자기의 욕구대로 행할 수
없지만, 그러나 여래는 마음먹은 대로 행동할 수 있기 때문
입니다.

352
완벽한 지혜를 가지신 당신의 충분한 설명을 열망하고 있습
니다. 이 마지막 합장을 드립니다. (깝빠에 대하여) 아시기
에 저희들을 헤매게 하지 마십시오, 최상의 지혜의 분이여.

353
높은 데서부터 낮은 데까지의 (모든) 진리를 아시면서, 저희
들을 헤매게 하지 마십시오. (모든 것을) 아시는 빼어난 정
진의 분이여, 한여름 더위에 지친 사람이 물을 찾듯이 저는
당신의 말씀을 갈망합니다. (말씀의) 비를 내려 주십시오.

354
깝빠 존자가 살아온 청정한 삶의 목적이 무엇이었든지 헛된
것은 아니었습니까? 그는 소멸된 것입니까? 아니면 삶의 토

대가 남은 것입니까? 어떻게 그가 해탈되었는지 그것을 듣고자 합니다."

355

"그는 이 세상에서 몸과 마음에 대한 갈애를 끊어 버렸다." 고 부처님은 말씀하셨다.

"오랜 세월 숨어 있던 어둠의 흐름, 태어남과 죽음을 완전히 건넜다." 이처럼 다섯[61]에서 가장 훌륭하신 부처님은 말씀하셨다.

356

"가장 빼어난 선인이여, 당신의 말씀을 듣고서 저는 기쁩니다. 참으로 저의 질문은 헛되지 않았습니다. 성자는 저를 혼란케 하지 않았습니다.

357

부처님의 제자(깝빠)는 그분(부처님)이 말씀하신 것처럼 그렇게 행하였습니다. 그는 사람을 속이는 악마의 펼쳐진 단단한 그물을 끊어 버렸습니다.

358

부처님, 깝빠 존자는 집착의 시작점을 보았습니다. 참으로 깝빠 존자는 매우 건너기 어려운 죽음의 영역을 건넜습니다."

2장 13

올바른 유행의 경

Sammāparibbājaniya-sutta [삼마빠립바자니야 숫따]

359

"윤회를 건너 피안에 도달하시고, 번뇌가 완전히 소멸하고,
자신을 바로 세운 큰 지혜의 성자께 여쭙니다. 집을 떠나 출
가하여 감각적 쾌락을 버리고, 어떻게 해야 비구가 세상에
서 바르게 유행할 수 있습니까?"

360

"길상의 점, 예시의 점, 해몽, 관상 보는 일을 버리고 길, 흉,
화, 복의 (점치는 일)을 버린 비구는 세상에서 바르게 유행하
리라.

361

비구는 인간과 천상에 대한 감각적 쾌락의 욕망을 버려야

한다. 존재를 초월하고 가르침을 이해하면, 그는 세상에서
바르게 유행하리라.

362

비구는 등 뒤에서 중상하는 것, 분노와 인색을 버려야 한다.
만족과 불만족을 버리면, 그는 세상에서 바르게 유행하리라.

363

좋음도 싫음도 버리고, 집착하지 않고, 어디에도 의존하지 않
고, 속박으로부터 벗어나면, 그는 세상에서 바르게 유행하리라.

364

(다시 태어남의) 토대에서 (어떤) 실체도 찾지 못하고, 집착
에 대한 욕망과 갈망을 버리고, 의존하지 않고, 다른 사람에
의해 이끌리지 않으면, 그는 세상에서 바르게 유행하리라.

365

생각과 말과 행동으로 적대 없이, 가르침을 바르게 알고, 열
반을 열망하면, 그는 세상에서 바르게 유행하리라.

366

만일 비구가 '나에게 절한다.'고 하여 교만하지 않고, 욕을
먹더라도 마음에 두지 않고, 다른 사람이 준 음식을 받았다

해서 도취하지 않으면, 그는 세상에서 바르게 유행하리라.

367
비구가 욕망과 (윤회의) 존재를 버리고, 자르고 묶어 해치는
것으로부터 삼가고, 의혹을 넘어서 괴로움에서 벗어나면,
그는 세상에서 바르게 유행하리라.

368
자기 자신에게 어울리는 것을 알고, 비구는 세상에서 어떤
누구도 해쳐서는 안 된다. 가르침을 있는 그대로 알면, 그는
세상에서 바르게 유행하리라.

369
어떤 잠재적 경향이 없고, 나쁜 뿌리들이 뽑히고, 바라는 것
도 구하는 것도 없으면, 그는 세상에서 바르게 유행하리라.

370
번뇌가 부서지고, 교만을 버리고, 모든 욕망의 길을 뛰어넘
고, 절제하고, 번뇌가 소멸하고, (자신을) 바로 세우면, 그는
세상에서 바르게 유행하리라.

371
믿음이 있고, 배움이 있고, 궁극에 이르는 길을 보고, 지혜

로운 이는 무리들 가운데 있으면서도 어떤 무리의 (견해도)
따르지 않고, 탐욕과 증오와 분노를 버린다면, 그는 세상에
서 바르게 유행하리라.

372

청정함의 승리자, 덮개를 제거하고, 가르침을 통달하고, 피
안에 이르러 욕망이 없고, 형성[62]의 소멸에 대한 앎에 능숙
하다면, 그는 세상에서 바르게 유행하리라.

373

과거뿐만 아니라 미래의 (존재에) 대하여 헤아림의 그 너머
로 가고, 청정한 앎으로 모든 감각들로부터 벗어난다면, 그
는 세상에서 바르게 유행하리라.

374

길을 알고, 진리를 이해하고, 모든 집착의 제거로 번뇌의 버
림을 확실하게 본다면, 그는 세상에서 바르게 유행하리라."

375

"부처님, 참으로 그렇습니다. 그처럼 살고 절제하고, 모든
속박 그 너머로 가 버린 비구는 세상에서 바르게 유행할 것
입니다."

2장 14

담미까의 경

Dhammika-sutta[담미까 숫따]

이와 같이 나는 들었다. 한때 부처님은 사왓티의 제따 숲의 아나타삔디까 승원에 계셨다. 그때 담미까라는 재가 신도가 오백 명의 신도들과 함께 부처님이 계신 곳으로 갔다. 가서는 부처님께 인사를 드리고 한쪽에 앉았다. 한쪽에 앉아서 재가 신도 담미까는 부처님께 게송으로 말하였다.

376

"광대한 지혜의 고따마시여, 당신께 여쭙니다. 어떻게 행하여야 훌륭한 제자가 됩니까? 출가하는 것입니까? 또는 재가자인 재가 신도로 사는 것입니까?

377

참으로 당신은 신들을 포함한 이 세상의 운명과 마지막 끝을 아십니다. 미묘한 뜻을 보시는 당신과 견줄 자가 없습니다. 참으로 사람들은 당신을 가장 빼어난 깨달은 분이라고 말들 합니다.

378
당신은 모든 앎을 이해하시고, 살아 있는 것들을 불쌍히 여겨 가르침을 알려 주십니다. 당신은 모든 것을 보는 분이십니다. (어리석음의) 장막을 들어 올리고, 티 없이 온 세상을 비추십니다.

379
'에라와나'라고 부르는 코끼리 왕이 당신의 앞에 왔습니다. 당신이 '승리자'라는 말을 듣고, 그도 또한 자문을 구하여 듣고 기뻐하며 '훌륭하다'고 하며 떠났습니다.

380
비사문천왕 꾸웨라 또한 가르침에 대해 질문하고자 왔습니다. 지혜로운 분이여, 당신은 또한 질문을 받고 말씀하셨습니다. 그도 또한 가르침을 듣고 기뻐하였습니다.

381
어떤 논쟁적인 이교도들이 있든지, 아지위까 또는 니간타이든, 마치 서 있는 자가 빨리 걷는 자를 따라잡을 수 없듯이,

지혜에 있어 모두 당신을 따라잡을 수 없습니다.

382
어떤 논쟁적인 브라흐민이라도, 어떤 연로한 브라흐민이라도, 또는 논객이라고 자부하는 다른 사람들까지도, 모두 당신에게서 도움을 얻고자 합니다.

383
존귀한 분이여, 당신께서 설하신 이 가르침은 심오하고 마음에 듭니다. 위없는 깨달은 분이여, 여쭈오니 우리들에게 말씀해 주십시오. 저희들은 모두 듣기를 원합니다.

384
모든 비구들이 (말씀을) 들으려고 함께 앉아 있습니다. 재가자들도 또한 (앉아 있습니다). 마치 신들이 인드라 신의 잘 설해진 말을 듣는 것처럼, 티 없는 분에 의해 깨달은 가르침을 듣게 하여 주십시오."

385
"비구들이여, 나의 (말을) 들어라. 나는 그대들에게 악을 떨쳐 버리는 가르침을 말하겠다. 그대들 모두는 마음에 새겨라. 유익함을 보는 지혜로운 사람은, 출가한 사람에게 합당한 행동 방식을 닦아라.

386

비구는 적당한 때가 아닌 때에 (탁발하러) 가지 말아야 한다. 정해진 때에 마을에 탁발하러 가야 한다. 정해진 때가 아닌 때에 가면 집착에 얽매이기 때문이다. 이런 이유로 깨달은 분들은 적당치 않은 때에는 (탁발하러) 가지 않는다.

387

모양과 소리와 맛과 냄새와 촉감은 사람을 취하게 한다. 이것들에 대한 욕망을 버리고, 정해진 때에 아침 식사를 위해 (마을에) 가야 한다.

388

비구는 정해진 때에 탁발 음식을 얻어서, 홀로 돌아와서 외딴 곳에 앉아야 한다. 안으로 돌이켜 생각하고, 정신을 모아 마음이 밖으로 흐트러지게 해서는 안 된다.

389

만일 제자나 어떤 다른 사람이나 또는 비구와 이야기를 하게 된다면, 빼어난 가르침을 말해야지, 중상하거나 다른 사람을 비방해서는 안 된다.

390

어떤 사람은 비난하는 말에 적의를 품는다. 우리는 지혜가 적은 그들을 칭찬하지 않는다. 집착이 여기저기 그들에게 들러붙는다. 왜냐하면 그들의 마음을 깊이 (그 말과) 연결시키기 때문이다.

391

빼어난 지혜를 가진 제자는 '잘 가신 분'에 의해 설해진 가르침을 듣고서 탁발 음식, 거처, 잠자리와 깔개 그리고 가사의 더러움을 제거할 물을 조심해서 사용해야 한다.

392

탁발 음식에, 잠자리와 깔개, 그리고 가사의 더러움을 제거할 물, 이런 것들에 비구는 더럽혀지지 않는다. 마치 연꽃잎 위의 물방울처럼.

393

이제 그대들에게 어떻게 행하여야 훌륭한 제자가 되는지 재가자가 해야 할 일을 말하겠다. 완전한 비구 수행은 소유를 가진 사람에 의해서 얻어질 수는 없다.

394

이 세상에서 움직이는 것이나, 움직이지 않는 것이나, 모든 존재에 대하여 폭력을 내려놓고, 살아 있는 존재를 죽여서는 안 되며, 죽이게 해서도 안 되며, 다른 사람들의 죽이는 것에 동의해서도 안 된다.

395

제자는 무엇이든 어디에서라도 주지 않은 것을 알고서도 (갖는 것을) 피해야 한다. 빼앗도록 시켜도 안 되고, 빼앗는 것에 동의해서도 안 된다. 주지 않은 것은 무엇이든 (갖는 것을) 피해야 한다.

396

지혜로운 사람은 타오르는 숯을 피하듯이, 청정하지 못한 삶을 피하여야 한다. 그리고 청정한 삶을 살 수 없다 해도 남의 아내를 범해서는 안 된다.

397

집회당에 갔을 때나 또는 모임에 갔을 때, 또는 어떤 한 개 인에게라도 거짓말을 해서는 안 된다. 거짓말을 하도록 시켜도 안 되고, 거짓말하는 것에 동의해서도 안 된다. 모든 거짓말을 피하여야 한다.

398

술을 마셔서는 안 된다. 이 가르침을 기뻐하는 재가자는 그 것은 마침내 미치게 하는 것임을 알고, 마시게 해서도 안 되고, 마시는 것에 동의해서도 안 된다.

399

술 취함 때문에 어리석은 자들은 악을 짓는다. 또한 다른 사
람들을 취하게 만든다. 취하게 함, 우둔함, 어리석은 자가
좋아하는 이 악덕의 영역을 피하라.

400

살생하지 말라. 주지 않은 것을 갖지 말라. 거짓말하지 말
라. 취하게 하는 술을 마시지 말라. 청정치 못한 성행위를
삼가라. 밤에 때 아닌 때에 음식을 먹지 말라.[63]

401

화환을 걸지 말라. 향수를 쓰지 말라. 침상에서 또는 땅 위에
깔개를 깔고 자야 한다.[64] 이것은 괴로움을 정복한 깨달은 분
에 의해 설해진 여덟 가지 우뽀사타[65]라고 그들은 말한다.

402

제14일, 제15일[66]에 그리고 보름의 제8일과 특별한 날에, 깨
끗한 마음으로 여덟 가지 (계율)[67]로 된 아주 완전한 형태로
우뽀사타를 행하고,

403

우뽀사타를 행하고 나서, 지혜로운 사람은 깨끗한 마음으
로, 기뻐하며 아침 일찍 비구 승가에 음식과 음료를 베풀어

야 한다.

404

바르게 어머니와 아버지를 봉양하라. 바른 직업에 종사하라. 이렇게 사는 깨어 있는 재가자는 '스스로 빛나는'이라는 이름을 가진 신들에게로 간다."

3장
큰 장

Mahā-vagga
[마하 왁가]

3장 1
출가의 경[68]

Pabbajjā-sutta [빱바자 숫따]

405

통찰력을 가진 분이 어떻게 출가를 하셨는지, 어떻게 생각
하고서 그분은 출가를 기뻐했는지, 나는 (부처님의) 출가에
대하여 이야기하겠습니다.

406

'재가자의 삶은 얽매임이고 먼지가 쌓이는 곳이다. 출가는
드넓은 공간이다.'라고 보고 출가하셨습니다.

407

출가를 하고서 그분은 몸에 의한 악행을 버렸습니다. 말로
짓는 악행도 버리고 삶의 방식을 깨끗하게 하였습니다.

408

깨달은 분은 마가다 국의 산으로 둘러싸인 도시인 라자가하로 갔습니다. 빼어난 특징으로 가득한 그분은 탁발을 위해 간 것입니다.

409

빔비사라 (왕은) 궁전에 서서 그를 보았습니다. (빼어난) 특징을 갖춘 그를 보고 이렇게 말했습니다.

410

"그대들은 저 사람을 보아라. 미남이고, 풍채가 크고, (안색이) 맑고, 바른 행동을 갖추고, 멍에의 길이만큼 앞만 본다.

411

눈을 아래로 뜨고 마음을 집중하고 있다. 그는 천한 가문이 아닌 것 같다. 왕의 사신들은 비구가 어디로 가는지 쫓아가라."

412

왕의 사신들은 파견되어 뒤를 따라갔습니다. 비구는 어디로 가는 걸까? 어디가 그의 거처일까?

413

감각기관을 지키고, 잘 절제하고, 마음을 집중하고, 주의 깊게 차례로 탁발하면서 잠깐 동안에 발우를 채웠습니다.

414

성자는 탁발을 마치고 도시 밖으로 나와 '여기에 머물 곳이 있을 거야.'(라고 생각하며) 빤다와 (산)으로 향하였습니다.

415

(그분이) 처소에 도착한 것을 보고 사신들은 다가갔습니다. 한 사신은 왕에게 돌아가서 알렸습니다.

416

"대왕님, 그 비구는 빤다와 산의 앞쪽에 있는 산의 굴속에 마치 호랑이나 황소처럼, 사자처럼 앉아 있습니다."

417

사신의 말을 듣고 왕은 훌륭한 수레를 타고 빤다와 산이 있는 곳으로 서둘러 떠났습니다.

418

왕은 수레로 갈 수 있는 곳까지 달려가서, 수레에서 내려 걸어서 그에게로 가까이 갔습니다. 다가가서 자리에 앉았습니다.

419

왕은 앉아서 친근한 인사를 나누고, 인사를 나눈 후에 이렇게 말하였습니다.

420

"그대는 어리고 젊습니다. 젊음의 봄을 맞은 청년입니다. 수려한 용모를 갖추고 귀한 왕족 태생인 것 같습니다.

421

코끼리 떼를 앞세운 웅장하고 장엄한 군대를 선물로 드리겠습니다. 이것들을 즐기십시오. 묻건대 태생을 말해 주십시오."

422

"대왕님, 똑바로 저기 히말라야의 산기슭에 한 나라가 있습니다. 꼬살라 국의 주민으로 재물과 힘을 갖추고 있습니다.

423

조상은 '태양'이라 하고 혈통은 '사꺄'라고 합니다. 그런 가문에서 감각적 쾌락을 구하지 않고, 대왕님, 나는 출가한 것입니다.

424

감각적 쾌락에서 위험을 보고, 출가는 안온하다는 것을 보고, 나는 정진하기 위해 가려고 합니다. 이것에 나의 마음은 기쁩니다."

3장 2
정진의 경

Padhāna-sutta [빠다나 숫따]

425

네란자라 강가에서 최상의 안온을 얻기 위해 온 힘을 기울여 명상하면서 굳건한 정진을 하는 나에게,

426

(악마) 나무찌가 자비로운 말을 하면서 다가왔다.[69]
"당신은 야위고 안색이 나쁘고 죽음이 당신의 앞에 있소.

427

그대의 살 가망은 천에 하나입니다. 사십시오. 존자여, 사는 것이 더 좋습니다. 살아야만 공덕도 지을 수 있을 것입니다.

428

청정한 삶을 살면서 제식의 불에 제물을 올리면 당신에게 많은 공덕이 쌓입니다. (그런데) 그대의 정진으로 무엇을 원하십니까?

429

정진하는 길은 가기 어려운 길이고, 행하기 어렵고 성취하기 어렵습니다." 악마는 이런 게송들을 말하면서 부처님 앞에 서 있었다.

430

이처럼 말한 마라(악마)에게 부처님은 이렇게 말하였다. "게으름의 친구, 악한 자여, 어떤 목적으로 여기에 왔는가?

431

공덕의 아주 작은 필요조차도 나에게는 존재하지 않는다. (그러니) 마라는 공덕이 필요한 사람들에게 말하는 것이 합당하다.

432

내게는 믿음과, 정진과, 지혜가 있다. 이처럼 나 자신 정진하는데도, 그대는 나에게 어찌하여 목숨에 대하여 묻는가?

433

이 (내면의) 바람은 강의 흐름조차도 마르게 할 것이다. 그런데 나 자신 정진할 때 나의 피가 어찌 마르지 않겠는가.

434

피가 마르면 담즙과 가래도 마른다. 살이 빠지면 마음은 더욱 맑아진다. 더욱이 나의 마음집중과 지혜와 선정은 (확고하게) 서 있다.

435

내가 이와 같이 머묾에 따라 최상의 지각에 도달하고, 나의 마음은 감각적 쾌락에 대한 기대가 없다. 보라, 존재의 청정함을!

436[70]

(악마여) 감각적 쾌락은 그대의 첫 번째 군대이고, 불만족은 두 번째, 굶주림과 목마름은 세 번째, 갈애는 네 번째 군대라고 불린다.

437

게으름과 무기력은 다섯 번째, 두려움은 여섯 번째, 의심은 일곱 번째, 위선과 고집은 여덟 번째이다.

438

이득, 명성, 환대, 그리고 잘못 얻은 영예는 (아홉 번째), 자신을 칭찬하고 남을 경멸하는 것이 (열 번째이다).

439

나무찌, 이것이 그대의 군대이다. (그것은) 어둠의 공격 군대이다. 겁쟁이는 그것을 정복하지 못한다. (용맹한 사람은 이들을) 정복하고서 평안을 얻는다.

440

내가 문자 풀[71]을 걸칠 것 같은가? 이 세상에서 삶은 괴로운 일이 아닌가? 전쟁에서의 죽음은 패하여 사는 것보다 내게는 더 낫다.

441

어떤 사문과 브라흐민들은 이 경우에 (너의 군대에게 패하여) 가라앉아 보이지 않는다. 그들은 훌륭한 행동을 하는 이들이 가는 길을 알지 못한다.

442

(코끼리를) 탄 마라와 (주위에) 온통 정렬한 군대를 보고, 나는 전쟁에 나간다. 이곳에서 나를 꿈쩍도 하게 하지 말라!

443

신들과 세상 사람도 너의 군대를 꺾을 수 없지만, 나는 지혜로 너의 (군대를) 부순다. 마치 굽지 않은 단지를 돌로 부수듯이.

444

생각을 절제하고, 마음챙김을 잘 세우고, 나는 많은 제자들을 거느리고 이 나라 저 나라로 유행하리라.

445

그들은 주의 깊고, 노력을 기울이고, 나의 가르침을 실천하고, 그대의 욕구와는 다르게, 그곳에 가서는 슬퍼하지 않는 곳으로 가리라."

446

"7년 동안 (악마인) 나는 존귀하신 분을 한 걸음 한 걸음 따라다녔다. (그러나) 마음집중의 깨달으신 분께 접근할 기회가 없었다.

447

까마귀는 기름 색깔을 띤 것 같은 바위를 맴돌았다. '여기서 부드러운 것을 찾을 수 있겠지. 아마 맛 좋은 것이 있을 거야.'

448

거기에서 맛있는 것을 얻지 못하고, 까마귀는 그곳에서 떠
났다. 바위에 가까이 (가 본) 까마귀처럼, 우리는 실망하여
고따마를 떠난다."

449

슬픔에 빠진 그의 옆구리에서 위나 악기가 뚝 떨어졌다. 그
래서 낙심한 악마는 그곳에서 사라졌다.

3장 3
잘 설해진 말씀의 경

Subhāsita-sutta [수바시따 숫따]

이와 같이 나는 들었다. 한때 부처님은 사왓티에 있는 제따 숲의 아나타삔디까 승원에 계셨다.

부처님은 이렇게 말씀하셨다.

"비구들이여, 네 가지 특성을 갖춘 말은 잘 설해진 것이지 나쁘게 설해진 것이 아니며, 흠이 없고 지혜로운 사람들에 의해 비난받지 않는다.

무엇이 넷인가? 비구들이여, 여기에 비구가 잘 설해진 것만을 말하고 나쁘게 설해진 것은 말하지 않고, 옳은 것만을 말하고 옳지 않은 것은 말하지 않고, 유쾌한 것만을 말하고 유쾌하지 않은 것은 말하지 않고, 진실한 것만을 말하고 진실하지 않은 것은 말하지 않는다.

네 가지 특성을 갖춘 말은 잘 설해진 것이지 나쁘게 설해진 것이 아니며, 흠이 없고 지혜로운 사람들에 의해 비난받지 않는다."

이것이 부처님께서 말씀하신 것이다.

이처럼 말씀하시고 잘 가신 분,[72] 스승께서는 더 말씀하셨다.

450

"잘 설해진 것은 최상이라고, 선한 분들은 말한다.

(이것이 첫째다.)

옳은 것은 말하고, 옳지 않은 것은 말하지 않는다.

이것이 둘째다.

유쾌한 것은 말하고, 유쾌하지 않은 것은 말하지 않는다.

이것이 셋째다.

진실인 것을 말하고, 거짓은 말하지 않는다. 이것이 넷째다."

그때 존자 왕기사는 자리에서 일어나 한쪽 어깨에 가사를 걸치고 부처님이 계신 곳으로 합장하고 이렇게 말했다.

"저에게 생각이 떠오릅니다. 잘 가신 분이여."

"그대에게 떠오른 것을 말해 보거라, 왕기사."라고 부처님은 말씀하셨다.

그래서 존자 왕기사는 그의 앞에서 적합한 게송으로 부처님을 찬탄하였다.

451

"자기 자신을 괴롭히지 않고, 남을 해치지 않는 그런 말만을 말해야 합니다. 그런 말은 참으로 잘 설해진 말입니다.

452
환영받을 말인 유쾌한 말만을 말해야 합니다. 다른 이에게
악함을 가져옴이 없이 말하는 것은 유쾌한 말입니다.

453
진리는 참으로 죽지 않는 말입니다. 그것은 영원한 법칙입
니다. 진리 속에 목표도, 가르침도 굳건히 서 있다고 선한
분들은 말합니다.

454
열반의 성취를 위하여, 괴로움의 종식을 위하여, 부처님이
말씀하시는 평온한 말씀은 참으로 말씀 중에 으뜸입니다."

3장 4

순다리까 바라드와자의 경

Sundarikabhāradvāja-sutta [순다리까 바라드와자 숫따]

이와 같이 나는 들었다. 한때 부처님은 꼬살라 국의 순다리까 강 언덕에 계셨다.

그때 브라흐민 순다리까 바라드와자는 순다리까 강의 언덕에서 불에 제물을 올리고 제식의 불에 제사를 지내고 있었다. 제식의 불에 제사를 지내고 나서 브라흐민 순다리까 바라드와자는, 자리에서 일어나 온 사방을 둘러보았다. '누가 남은 제물을 먹을까?'

브라흐민 순다리까 바라드와자는 가까이 어떤 나무 아래 머리를 둘러쓰고 앉아 있는 부처님을 보았다. (그를) 보고서 왼손으로 남은 제물을 들고, 오른손으로 물병을 들고 부처님이 계신 곳으로 다가갔다.

그때 브라흐민 순다리까 바라드와자의 발자국 소리에 부처님은 머리에 (둘렀던 것을) 벗었다. 그래서 브라흐민 순다리까 바라드와자는 (생각하기를) '이 존자는 깎았네, 이 존자는 깎은 머리야.' 그래서 그는 다시 돌아가려고 했다.

그런데 브라흐민 순다리까 바라드와자에게 이런 생각이 들었다. '여기 어떤 브라흐민 존자들은 또한 깎기도 하지. 그러면 가까이 가서 출생을 물어보면 어떨까?' 그래서 브라흐민 순다리까 바라드와자는 부처님이 계신 곳으로 가까이 갔다. 가까이 가서 부처님에게 이처럼 말했다.

"존자의 출생은 무엇입니까?"

그래서 부처님은 브라흐민 순다리까 바라드와자에게 게송으로 말씀하셨다.

455

"나는 확실히 브라흐민도 아니고, 왕자[73]도 아니고, 평민도 아니고, 어떤 누구도 아닙니다. 나는 일반 사람들의 가문을 잘 알며, 아무것도 없이, 지혜를 가지고 세상에서 유행합니다.

456

집 없이 가사를 걸치고, 머리를 깎고, 고요한 마음으로 이 세상에서 사람들에게 집착하지 않고 유행합니다. 그대는 나의 가문에 대하여 나에게 합당치 않은 질문을 하였습니다, 브라흐민."

457

(순다리까) "존자님, 브라흐민과 브라흐민이 만나면 '존자님은 브라흐민입니까?'라고 묻습니다."

(부처님) "만일 그대가 자신을 브라흐민이라고 말하고, 나를 브라흐민이 아니라고 말한다면, 그러면 3행시 24음절로 된 (베다의 시) 〈사윗띠〉에 대해 묻겠소."

458

(순다리까) "무엇 때문에 성인들, 일반인들, 왕족들, 브라흐민들, 많은 이들이 이 세상에서 신들에게 제사를 지내는 것입니까?"

(부처님) "'궁극에 이른 분, 최상의 앎을 성취한 분이 제사 때에 제물을 받는다면, 그의 (제사는) 좋은 결실이 있을 것이다.'라고 나는 말합니다."

459

"확실히 나의 제사는 좋은 결실이 있을 것입니다. 우리는 최상의 앎을 얻으신 당신과 같은 분을 만났기 때문입니다. 제가 당신과 같은 분을 만나지 못했더라면, 다른 사람이 나의 제사의 떡을 먹을 것입니다."

460

"그러면 브라흐민, 그대는 유익함을 찾으니 가까이 와서 물

으시오. 평온하고, 욕심이 없고, 성냄이 없고, 구하는 바가
없는 지혜로운 사람을 그대는 아마도 여기서 찾을 것입니
다."

461
"고따마 존자님, 저는 제사를 좋아하고, 제사를 지내고 싶습
니다. (그러나) 알지를 못합니다. 존자께서는 저에게 가르쳐
주십시오. 어디에 제물을 바치는 것이 좋은 결실이 있는가,
그것을 저에게 말씀해 주십시오."
"그러면 브라흐민, 귀를 기울이시오. 그대에게 가르침을 일
러 주겠소.

462
출생을 묻지 말고 행위를 물으시오. 참으로 (어떤) 땔감에서
도 불이 일어납니다. 비천한 가문일지라도 부끄러움으로 자
제하는 뜻이 확고한 성자는, 가문이 훌륭한 사람이 되는 것
이요.

463
진리로 절제되고, 자아절제를 갖추고, 지혜의 완성에 이르
고, 청정한 삶을 성취한 사람, 공덕을 기대하며 제사를 지내
는 브라흐민은 알맞은 때에 그에게 (제사 지낸) 제물을 드려
야 하오.

464

감각적 쾌락을 버리고, 집 없이 유행하며, 자신을 잘 다스리고, 베틀의 북처럼 곧은 사람들, 공덕을 기대하며 제사를 지내는 브라흐민은, 알맞은 때에 그들에게 제물을 드려야 하오.

465

욕망에서 벗어나고, 감각기관이 잘 집중되고, 달이 라후[74]의 손아귀에서 벗어나듯이 완전히 벗어난 사람들, 공덕을 기대하며 제사를 지내는 브라흐민은, 알맞은 때에 그들에게 제물을 드려야 하오.

466

그들은 항상 마음을 집중하고, 좋아하는 것들을 버리고, 집착 없이 세상에서 유행합니다. 공덕을 기대하며 제사를 지내는 브라흐민은, 알맞은 때에 그들에게 제물을 드려야 하오.

467

감각적 쾌락을 버리고, (모든 것을) 이겨 내고 유행하는 사람, 태어남과 죽음의 끝을 알고, 열반을 성취하고, 호수의 물처럼 시원한 여래는 제사의 제물을 받을 만하오.

468

동등한 이들과는 같고, 동등하지 않은 이들과는 멀리 떨어져 있소.[75] 여래는 한량없는 지혜를 가진 분이오. 이 세상이나 또는 저 세상에 더럽혀지지 않은 여래는 제사의 제물을 받을 만하오.

469

그 안에 거짓과 교만이 머물지 않고, 탐욕에서 벗어나고, 이기적이지 않고, 어떤 것도 갈망하지 않고, 분노를 몰아내고, 온전히 평온한 그런 성자는 슬픔의 얼룩을 내버렸소. 그러므로 여래는 제사의 제물을 받을 만하오.

470

마음의 (갈애의) 거처를 내버린 분, 어떤 소유도 없고, 이 세상 또는 저 세상에 집착하지 않는, 여래는 제사의 제물을 받을 만하오.

471

(마음이) 집중된 분, 홍수를 건너고, 탁월한 통찰로써 담마를 이해하고, 번뇌가 부서지고, 마지막 몸을 가진, 여래는 제사의 제물을 받을 만하오.

472

존재의 번뇌와 거친 말은 부서졌고 사라져서 더 이상 존재하지 않소. 그는 최상의 지혜를 얻은 분이고 모든 면에서 해탈한 분이오. 그러므로 여래는 제사의 제물을 받을 만하오.

473

집착의 그 너머로 가 버린 분, 집착이 없고, 자만에 집착하는 사람들 가운데 자만에 집착하지 않고, 괴로움의 영역과 토대를 꿰뚫어 아는 여래는 제사의 제물을 받을 만하오.

474

욕망에 기대지 않고, 홀로 떨어진 한적함을 보고, 남들에 의해 알려진 견해의 그 너머로 간, (윤회의) 터전이 아무것도 없는 여래는 제사의 제물을 받을 만하오.

475

높고 낮은 여러 현상들을 알아서 (나쁜 것은) 부수어 버리고 사라지게 하여 더 이상 존재하지 않는, 평온하고, 집착의 소멸로 해탈한 여래는 제사의 제물을 받을 만하오.

476

속박과 태어남의 부서짐과 그 끝을 보고, 욕망의 길을 완전히 제거하고, 청정하고, 흠 없고, 티 없고, 깨끗한 여래는 제사의 제물을 받을 만하오.

477

자기에서 자아를 보지 않고,[76] 집중되고, 바르게 살고, 굳건
하고, 욕망에서 벗어나고, (마음의) 황무지가 없고, 의혹이
없는 여래는 제사의 제물을 받을 만하오.

478

그에게는 어떤 어리석음도 없고, 모든 현상에 대하여 통찰
력으로써 보고, 마지막 몸을 지니고, 위없는 깨달음을 얻고,
더없이 행복한, 최상의 청정을 얻었으니, 여래는 제사의 제
물을 받을 만하오."

479

"저의 제물이 참된 제물이 되기를! 그대와 같은 위없는 지
혜를 가진 분을 만났기 때문입니다. 당신은 브라흐마 신의
화현입니다. 부처님은 저의 (제물을) 받으십시오. 부처님은
저의 제물을 드십시오."

480

"시를 읊어 얻은 것을 먹는 것은 나에게 합당치 않습니다.
이것은 (바르게) 보는 분들의 담마가 아닙니다, 브라흐민.
시를 읊어 얻은 것을 깨달은 분들은 거절합니다. 담마가 존
재하는 한, 이것은 (그들의) 행동 방식입니다.

481

번뇌가 부서지고, 나쁜 행동이 고요해진 원만히 성취하신
위대한 성자에게 다른 음식과 음료로써 대접하시오. 이것은
공덕을 바라는 이들에게 공덕의 밭입니다."

482

"부처님, 그대의 가르침을 받고서 제사 지낼 때에 누구를 찾
아야 하는지, 그리고 누가 나 같은 사람의 보시를 먹을 수
있는지를 알고 싶습니다."

483

"그의 격분은 사라지고, 마음은 혼란하지 않고, 감각적 쾌락
에서 벗어나고, 게으름을 몰아낸 분,

484

번뇌를 정복하고, 태어남과 죽음을 알고, 성자의 덕성을 갖
춘 성자, 이와 같은 분이 제사에 왔을 때,

485

교만을 버리고 합장하고 예배하시오. 음식과 음료로써 공양
하시오. 이렇게 하여 보시는 좋은 결실을 맺습니다."

486

"깨달으신 분, 존자님은 제사의 제물을 받을 만합니다. 당신은 으뜸가는 공덕의 밭입니다. (당신은) 온 세상의 제사의 수취인이십니다. 존자님께 드린 (보시는) 큰 결실이 있습니다."

그때 브라흐민 순다리까 바라드와자는 부처님께 이렇게 말하였다.

"훌륭하십니다, 고따마 존자님. 훌륭하십니다, 고따마 존자님. 마치 넘어진 것을 일으켜 세우듯이, 가려진 것을 열어 보이듯이, 길 잃은 자에게 길을 가리켜 주듯이, 눈 있는 자는 형상을 보라고 어둠 속에 등불을 들어 (비추듯이), 바로 이렇게 고따마 존자님에 의해서 가르침이 여러 가지 방법으로 설명되었습니다.

저는 고따마 존자님께 귀의합니다. 그리고 담마에 귀의합니다. 그리고 승가에 귀의합니다.

저는 고따마 존자님의 앞에서 출가를 하고 싶습니다. 구족계를 받고 싶습니다."

그래서 브라흐민 순다리까 바라드와자는 부처님 앞에서 출가하여 구족계를 받았다. 구족계 받은 지 오래지 않아 순다리까 바라드와자는 홀로 떨어져서, 부지런히, 열심히, 굳건히 홀로 머물러, 오래지 않아 좋은 가문의 자제들이 바르게 집에서 집 없는 곳으로 출가한 (바로 그 이유인), 청정한

삶의 위없는 목표에 이 세상에서 스스로 깨달아 도달하여
머물렀다.

　태어남은 부서지고 청정한 삶은 성취되었고, 해야 할 일
을 마치고 더 이상 윤회하지 않는다고 알았다.

　그래서 브라흐민 순다리까 바라드와자는 아라한 중에 한
분이 되었다.

3장 5
마가의 경

Magha-sutta[마가 숫따]

이와 같이 나는 들었다. 한때 부처님은 라자가하의 깃자꾸따 산에 계셨다. 그때 브라흐민 학인 마가는 부처님이 계신 곳으로 갔다. 가서 부처님께 친밀하고 공손한 인사를 드리고 한쪽에 앉았다.

한쪽에 앉은 브라흐민 학인 마가는 부처님께 이렇게 말하였다.

"고따마 존자님, 저는 아낌없이 주는 자이고, 관대한 시주자이고, 인심 좋은 자이고, 인색하지 않은 자입니다.

나는 재물을 바르게 구합니다. 바르게 재물을 구해서는 바르게 구한 재물로, 바르게 얻은 재물로, 한 사람에게도 주고, 두 사람에게도 주고, 세 사람, 네 사람, 다섯, 여섯, 일곱, 여덟, 아홉, 열, 스물, 서른, 마흔, 쉰 사람, 백 사람에게도 주고, 더 많은 사람에게도 줍니다. 고따마 존자님, 내가 이렇게 주고, 이렇게 공양하면 많은 공덕을 얻을까요?"

"브라흐민 학인이여, 진정으로 그대가 그와 같이 주고, 그와 같이 공양하면 많은 공덕을 얻습니다.

누구든지 아낌없이 주는 자, 관대한 시주자, 인심 좋은 자, 인색하지 않은 자, 재물을 바르게 구하고, 바르게 재물을 구해서는, 바르게 구한 재물로, 바르게 얻은 재물로 한 사람에게도 주고, 두 사람에게도 주고, 세 사람, 네 사람, 다섯, 여섯, 일곱, 여덟, 아홉, 열, 스물, 서른, 마흔, 쉰 사람, 백 사람에게도 주고, 더 많은 사람에게도 준다면, 그는 많은 공덕을 얻습니다."

이에 브라흐민 학인 마가는 부처님께 게송으로 말하였다.

487
"가사를 걸치고 집 없이 유행하시는 관대하신 고따마 존자님께 여쭙니다. 누구든지 인색하지 않은 재가자, 관대한 시주자가 공덕을 바라고, 공덕을 찾아서 이 세상에서 (제사에) 제물을 바치고 다른 사람에게 음식과 음료를 준다면, 어디에 제물을 보시하는 것이 깨끗하게 됩니까?"

488

"마가여, 누구든지 인색하지 않은 재가자, 관대한 시주자가 공덕을 바라고, 공덕을 구하여 이 세상에서 (제사에) 제물을 바치고, 다른 사람에게 음식과 음료를 준다면, 그와 같은 사람은 '공양받을 만한 사람'으로 인하여 좋은 결실을 얻을 것입니다."

489

마가가 말했다. "누구든지 인색하지 않은 재가자, 관대한 시주자가 공덕을 바라고, 공덕을 구하여 이 세상에서 (제사에) 제물을 바치고, 다른 사람에게 음식과 음료를 준다면, 부처님, '공양받을 만한' 사람에 대하여 저에게 말씀해 주십시오."

490

"참으로 이 세상에서 집착 없이 유행하고, 아무것도 없고, 자신을 다스리고, 성취하신 분들, 그들에게 알맞은 때에 제물을 드리시오. 공덕을 구하는 브라흐민은 그들에게 공양하시오.

491

모든 속박과 굴레를 끊어 버린 분들, 절제되고 해탈한 분들, 괴로움에서 벗어나고, 욕망에서 벗어난 분들, 그들에게 알

맞은 때에 제물을 드리시오. 공덕을 구하는 브라흐민은 그
들에게 공양하시오.

492

모든 속박에서 완전히 벗어난 분들, 절제되고 해탈한 분들,
괴로움에서 벗어나고, 욕망에서 벗어난 분들, 그들에게 알
맞은 때에 제물을 드리시오. 공덕을 구하는 브라흐민은 그
들에게 공양하시오.

493

욕망과 증오와 어리석음을 버리고, 번뇌를 부수고, 청정한
삶을 성취한 분들, 그들에게 알맞은 때에 제물을 드리시오.
공덕을 구하는 브라흐민은 그들에게 공양하시오.

494

그 안에 거짓이 없고, 교만이 없고, 탐욕이 없고, 이기적이지
않고, 갈구하지 않는 사람들, 그들에게 알맞은 때에 제물을
드리시오. 공덕을 구하는 브라흐민은 그들에게 공양하시오.

495

참으로 갈애에 떨어지지 않고, (윤회의) 홍수를 건너고, 이
기심 없이 유행하는 사람들, 그들에게 알맞은 때에 제물을
드리시오. 공덕을 구하는 브라흐민은 그들에게 공양하시오.

496

이 세상 또는 저 세상에서 존재의 어떤 형태에 대해서도, 세상의 어떤 것에도 갈애가 없는 사람들, 그들에게 알맞은 때에 제물을 드리시오. 공덕을 구하는 브라흐민은 그들에게 공양하시오.

497

감각적 쾌락을 버리고, 집 없이 유행하며, 자신을 잘 절제하고, 베틀의 북처럼 곧은 사람들, 그들에게 알맞은 때에 제물을 드리시오. 공덕을 구하는 브라흐민은 그들에게 공양하시오.

498

욕망을 떠나고, 감각기관이 잘 집중되고, 달이 라후의 손아귀에서 벗어난 것처럼 온전히 벗어난 사람들, 그들에게 알맞은 때에 제물을 드리시오. 공덕을 구하는 브라흐민은 그들에게 공양하시오.

499

고요함에 이른 분, 욕망이 없고, 성냄이 없고, 이 세상에서 (태어남을) 완전히 버리고 (윤회하여) 가는 곳이 없는 사람들, 그들에게 알맞은 때에 제물을 드리시오. 공덕을 구하는 브라흐민은 그들에게 공양하시오.

3장 큰 장 · 177

500

태어남과 죽음을 남김없이 버리고, 모든 의혹의 그 너머로
가 버린 사람들, 그들에게 알맞은 때에 제물을 드리시오. 공
덕을 구하는 브라흐민은 그들에게 공양하시오.

501

자기 자신을 섬으로 하여 이 세상에서 유행하고, 아무것도
없고, 모든 면에서 완전히 벗어난 사람들, 그들에게 알맞은
때에 제물을 드리시오. 공덕을 구하는 브라흐민은 그들에게
공양하시오.

502

'이것이 마지막 (탄생)이다. 더 이상 새로운 탄생은 없다.'라
고 이것을 있는 그대로 아는 사람들, 그들에게 알맞은 때에
제물을 드리시오. 공덕을 구하는 브라흐민은 그들에게 공양
하시오.

503

최상의 지혜를 얻고, 명상을 좋아하고, 마음집중이 있고, 깨
달음을 얻고, 많은 사람들의 귀의처인 사람, 그에게 알맞은
때에 제물을 드리시오. 공덕을 구하는 브라흐민은 그에게
공양하시오."

504

"참으로 저의 질문은 헛되지 않았습니다. 부처님은 저에게 공양받을 만한 분에 대하여 말씀하셨습니다. 당신은 이것을 있는 그대로 아십니다. 당신께서는 이 이치를 잘 알고 계시기 때문입니다.

505

누구든지 인색하지 않은 재가자, 관대한 시주자가 공덕을 바라고, 공덕을 구하여 이 세상에서 (제사에) 제물을 바치고, 다른 사람에게 음식과 음료를 준다면, 부처님, 제사의 성공적인 성취에 대하여 저에게 말씀해 주십시오."

506

"마가여, 제사를 지내시오. 제사를 지내면서 모든 면에서 마음을 깨끗이 하시오. 제사 지내는 사람에게는 제사가 (중요한) 근본이기 때문이오. 여기에 굳건히 머물러 사악함을 버립니다.

507

욕망에서 떠나, 사악함을 몰아내고, 한량없는 자애의 마음을 닦으면서 밤낮으로 항상 주의 깊고, 한량없는 (자애의 마음을) 온 사방에 가득 채웁니다."

508

"누가 깨끗하게 됩니까? 누가 해탈한 것입니까? 누가 묶인 것입니까? 무엇에 의해 사람은 브라흐마 세계에 갑니까? 성자여 제가 모르오니, 여쭈오니 말씀해 주십시오.

부처님은 오늘 저에게 보인 브라흐마 신의 화현이십니다. 우리들에게 그대는 브라흐마 신과 같다는 것은 진실입니다. 찬란히 빛나는 분이여, 어떻게 브라흐마 세계에 다시 태어 납니까?"

509

"마가여, 세 가지[77] 조건을 갖추고 성공적인 제사를 지내면, 그런 사람은 '공양받을 만한 사람'의 (공덕) 때문에 (목표를) 성취할 것이오. 이처럼 올바른 제사를 지내고 인색하지 않은 자는 브라흐마 세계에 다시 태어난다고 나는 말하오."

이처럼 말씀하시자 브라흐민 학인 마가는 부처님께 이렇게 말했다.

"훌륭하십니다, 고따마 존자님. 훌륭하십니다, 고따마 존자님. 마치 넘어진 것을 일으켜 세우듯이, 가려진 것을 열어 보이듯이, 길 잃은 자에게 길을 가리켜 주듯이, 눈 있는 자는 형상을 보라고 어둠 속에 등불을 들어 (비추듯이), 바로 이렇게 고따마 존자님에 의해서 가르침이 여러 가지 방법으로 설명되었습니다.

저는 고따마 존자님께 귀의합니다. 그리고 담마에 귀의합니다. 그리고 승가에 귀의합니다.

오늘부터 목숨이 다할 때까지 귀의하오니, 고따마 존자님은 저를 재가 신자로 받아 주십시오."

3장 6

사비야의 경

Sabhiya-sutta[사비야 숫따]

이와 같이 나는 들었다. 한때 부처님은 라자가하의 대나무 숲에 있는 깔란다까니와빠[78]에 계셨다.

그때 방랑 수행자 사비야에게 그의 전의 친척이었던 신이 질문했다.

"사비야여, 사문이나 또는 브라흐민이나 그대가 이런 질문을 했을 때 대답할 수 있는 사람이 있거든, 그의 밑에서 청정한 삶을 살아라."

그래서 방랑 수행자 사비야는 신에게서 그 질문들을 배워서 사문과 브라흐민들에게 가서 질문을 하였다.

그들은 교단의 수장이고, 많은 제자들의 스승이고, 많은 추종자들이 있고, 잘 알려지고, 유명하고, 교단의 창설자이고, 많은 사람들의 존경을 받는 이들로, 이를테면 뿌라나 깟사

빠, 막칼리 고살라, 아지따 께사깜발리, 빠꾸다 깟짜야나,
산자야 벨랏티뿟따, 그리고 니간타 나따뿟따이다.

   이들은 방랑 수행자 사비야에게서 질문을 받고는 제대로
답하지 못했다. 답변을 못하자 그들은 분노와 증오와, 불만
을 드러내었다. 더욱이 방랑 수행자 사비야에게 반문하였다.

그런데 방랑 수행자 사비야에게 이런 생각이 들었다.
   '이들 사문과 브라흐민들, 즉 교단의 수장이고, 많은 제자
들의 스승이고, 많은 추종자들이 있고, 잘 알려지고, 유명하
고, 교단의 창설자이고, 많은 사람들의 존경을 받는 이들 사
문과 브라흐민들은 이를테면, 뿌라나 깟사빠, 막칼리 고살
라, 아지따 께사깜발리, 빠꾸다 깟짜야나, 산자야 벨랏티뿟
따, 그리고 니간타 나따뿟따인데, 그들은 나로부터 질문을
받고는 제대로 답하지 못했다. 답변을 못하자 그들은 분노와
증오와 불만을 드러내었다. 더욱이 이 경우에 대하여 나에게
반문했다. 세속의 삶으로 돌아가 감각적 쾌락을 즐기면 어떨
까?'

   그런데 방랑 수행자 사비야에게 이런 생각이 들었다.
   '이 사문 고따마 또한 교단의 수장이고, 많은 제자들의 스
승이고, 많은 추종자들이 있고, 잘 알려지고, 유명하고, 교
단의 창설자이고, 많은 사람들의 존경을 받는다. 내가 사문
고따마에게 가서 이 질문들을 물어보면 어떨까?'

그런데 방랑 수행자 사비야에게 이런 생각이 들었다.

'연로하고, 수행자가 된 지도 오래되었고, 교단의 수장이고, 많은 제자들의 스승이고, 많은 추종자들이 있고, 잘 알려지고, 유명하고, 교단의 창시자이고, 많은 사람들의 존경을 받는 이들 사문과 브라흐민 존자들은, 이를테면 뿌라나깟사빠, 막칼리 고살라, 아지따 께사깜발리, 빠꾸다 깟짜야나, 산자야 벨랏티뿟따, 그리고 니간타 나따뿟따인데, 그들은 또한 나로부터 질문을 받고 제대로 답하지 못했다. 답변을 못하자 그들은 분노와 증오와 불만을 드러냈다. 더욱이 나에게 이 경우에 대하여 반문했다.

그런데 이 질문들을 했을 때 사문 고따마가 나에게 답해 줄 수 있을까? 사문 고따마는 아직 젊고 출가한 지도 얼마 되지 않았다.'

그런데 방랑 수행자 사비야에게 이런 생각이 들었다.

'사문은 단지 젊다고 해서 경멸되거나 무시되어서는 안 된다. 사문이 비록 젊지만 그는 큰 힘이 있고 막강하다. 내가 사문 고따마에게 가서 이 질문들을 물어보면 어떨까?'

그래서 방랑 수행자 사비야는 라자가하로 유행을 떠났다. 점차적으로 유행하면서 라자가하의 대나무 숲에 있는 깔란다까니와빠의 부처님이 계신 곳으로 갔다. 가서 친밀하고 공손한 인사를 나누고 한쪽에 앉았다. 한쪽에 앉은 방랑 수행자 사비야는 부처님께 게송으로 말하였다.

510

사비야는 말하였다. "질문하기를 갈망하면서 의문이 있어 왔습니다. 저를 위해 그것(의문)의 끝장을 내 주십시오. 제가 질문을 드리면 담마에 따라 차례대로 말씀해 주십시오."

511

"사비야여, 그대는 질문하기를 열망하면서 멀리서 왔소. 나는 그대를 위해 그것(의문)의 끝장을 내 주겠소. 질문을 받고 담마에 따라 차례대로 그대에게 설명하겠소.

512

사비야, 그대의 마음속에 원하는 것이 무엇이든 나에게 질문을 하시오. 나는 그대를 위해 그 하나하나의 질문에 끝을 보여 주겠소."

그때 방랑 수행자 사비야에게 이런 생각이 들었다. '다른 사문이나 브라흐민 중에서는 얻지 못한 기회가, 사문 고따마에 의해서 나에게 주어진 것은 참으로 놀랍고, 참으로 경이로운 일이다.' 그래서 그는 기쁘고, 만족하고, 기쁨과 환희심으로 가득 차 부처님께 질문을 드렸다.

513

"무엇을 얻으면 비구라 부릅니까? 무엇 때문에 온화한 분이라 말합니까? 왜 절제된 분이라 말합니까? 왜 깨달은 분이라 불립니까? 저의 질문에 대답해 주십시오."

514
"사비야여, 스스로 길을 닦아 완전한 열반에 이르고, 의혹을 극복하고, 존재도 존재하지 않음도 버리고, 윤회가 부수어진 삶을 사는 사람, 그가 비구입니다.

515
모든 것에서 (좋고 싫음을 떠나) 평정에 이르고, 마음을 집중하고, 온 세상에서 어떤 것도 해치지 않고, 피안에 도달하고, 마음이 소란하지 않고, 교만이 없는 사문, 그가 온화한 사람이오.

516
온 세상에서 안팎으로 그의 감각기관이 잘 균형 잡히고, 이 세상과 저 세상을 꿰뚫어 보고, 죽음의 때에 대해 준비된, 잘 수련된 사람, 그가 절제된 사람이오.

517
윤회 그리고 태어남과 죽음 이 두 가지 (무한한 시간인) 겁을 살피고, 더러움 없이, 티 없이, 깨끗하고, 다시 태어남의 부숨에 도달한 사람, 그를 깨달은 사람이라 말합니다."

그래서 방랑 수행자 사비야는 부처님 말씀에 기쁘고, 만족하고, 기쁨과 환희심으로 가득 차 부처님께 더 질문을 드렸다.

518

"무엇을 얻으면 브라흐민이라 말합니까? 무엇 때문에 사문이라 부릅니까? 왜 목욕재계한 사람입니까? 왜 코끼리라 불립니까? 부처님 저의 질문에 대답해 주십시오."

519

"사비야여, 모든 악을 멀리하고, 더러움이 없고, 마음이 잘 집중되고, 자신을 절제하고, 윤회의 그 너머로 간, 완전히 성취하신, 집착이 없는 그와 같은 사람이 브라흐민이라 불립니다.

520

고요하고, 공덕도 악함도 버리고, 티끌 없이, 이 세상과 저 세상을 알고, 태어남과 죽음의 그 너머로 간, 그와 같은 사람이 바로 사문이라 불립니다.

521

온 세상에서 안팎으로 모든 악을 씻어 버리고, 윤회의 대상인 신과 인간들 속에서 살지만 윤회로 돌아가지 않는 사람, 그를 목욕재계한 사람이라 말합니다.

522

세상에서 어떤 죄악도 짓지 않고 모든 족쇄와 속박을 잘라
버리고, 어떤 것에도 집착하지 않고, 온전히 해탈한 분, 이
와 같은 사람은 참으로 코끼리라고 불립니다."

그래서 방랑 수행자 사비야는 부처님 말씀에 기쁘고, 만족하
고, 기쁨과 환희심으로 가득 차 부처님께 더 질문을 드렸다.

523

"누구를 세상의 승리자라고 깨달은 분들은 말합니까? 무엇
때문에 선한 분이라 말합니까? 왜 지혜로운 사람입니까? 왜
성자라 불립니까? 저의 질문에 대답해 주십시오."

524

"사비야여, 신들의 세상, 인간의 세상, 브라흐마 신의 세상
등 모든 세상을 살피고, 모든 세상의 근본적인 속박에서 벗어
난 사람, 그와 같은 사람이 바로 세상의 승리자라 불립니다.

525

신들의 저장소, 인간의 저장소, 브라흐마 신의 저장소 등, 모
든 저장소를 살피고, 모든 저장소의 근본적인 속박에서 벗어
난 사람, 그와 같은 사람이 바로 선한 사람이라 불립니다.

526

안으로 밖으로 밝은 것을 살피고, 지혜와 청정함이 있고, 어
둠과 밝음의 그 너머로 간 사람, 그와 같은 사람이 바로 지
혜로운 사람이라 불립니다.

527

온 세상에서 안으로 밖으로 바른 것과 그른 것을 알고, 신과
인간에 의해 존경을 받고, 집착과 그물 그 너머로 간다면,
그는 성자입니다."

그래서 방랑 수행자 사비야는 부처님 말씀에 기쁘고, 만족하
고, 기쁨과 환희심으로 가득 차 부처님께 더 질문을 드렸다.

528

"무엇을 얻은 이를 최상의 앎을 얻은 사람이라 말합니까?
무엇 때문에 잘 아는 사람입니까? 어떻게 열심히 정진하는
사람이 됩니까? 어떻게 태생이 좋은 사람이라고 이름 붙입
니까? 부처님, 저의 질문에 대답해 주십시오."

529

"사비야여, 사문이나 브라흐민의 모든 지식들을 살피고, 모
든 감각에 대한 욕망을 버리고, 모든 지식의 그 너머로 간다
면, 그는 최상의 앎을 얻은 사람입니다.

530

질병의 뿌리인 모순된 생각[79]과 몸과 마음[80]에 대하여 안팎
으로 철저히 알고, 모든 질병의 근본적인 속박에서 벗어난
사람, 이런 사람이 바로 잘 아는 사람이라 불립니다.

531

이 세상에서 모든 악을 삼가고, 지옥의 고통 그 너머로 가
고, 노력하고, 강건하고, 정진하는 사람, 이와 같은 사람은
그 때문에 현자라 불립니다.

532

집착의 뿌리인 속박들을 안팎으로 잘라 버리고, 모든 집착
의 근본적인 속박에서 벗어난 사람, 그와 같은 사람이 바로
태생이 좋은 사람이라 불립니다."

그래서 방랑 수행자 사비야는 부처님 말씀에 기쁘고, 만족하
고, 기쁨과 환희심으로 가득 차 부처님께 더 질문을 드렸다.

533

"무엇을 얻으면 성전에 통달한 사람이라 말합니까? 무엇 때
문에 거룩한 사람이라 말합니까? 어떻게 행동이 바른 사람
이 됩니까? 어떻게 유행자가 됩니까? 저의 질문에 대답해
주십시오."

534

"사비야여, 세상에서 모든 가르침을 듣고, 이해하고서, 비난
거리가 있는 것이나 비난거리가 없는 것이나, 어떤 것이든
그것을 정복한 사람, 의혹이 없는, 해탈한, 모든 면에서 괴
로움에서 벗어난 사람, 그를 성전에 통달한 사람이라 말합
니다.

535

모든 번뇌와 집착을 끊고, 지혜로운 분은 모태에 들지 않습
니다. 세 가지 생각[81]을 제거하고, 더러움도 제거하고, (오
랜 시간의 겁인) 윤회에 들지 않는 사람, 그를 거룩한 사람
이라 말합니다.

536

이 세상에서 행동에 있어서 최상을 성취하고, 항상 선하고,
가르침을 알고 있으며, 어디에도 집착하지 않고 해탈한 사람,
그에게는 분노가 없습니다. 그는 행동이 바른 사람입니다.

537

위로, 아래로, 옆으로, 가운데로, (어디에서든) 괴로운 결과
를 갖는 어떤 행동도 피하고, (가르침에 대한) 이해를 가지
고 유행하며, 거짓과, 교만과, 또한 탐욕과 분노와, 몸과 마
음의 (현상에 대한) 끝장을 낸 사람, 그를 최상을 성취한 사

람, 그를 유행자라 말합니다."

그래서 방랑 수행자 사비야는 부처님 말씀에 기쁘고, 만족
하고, 기쁨과 환희심으로 가득 차서 자리에서 일어나 한쪽
어깨에 가사를 걸치고 부처님께 합장하고 부처님 앞에서 알
맞은 게송으로 찬탄하였다.

538
"관습적이고 공론적인 사문들의 논쟁적인 63가지 다른 견해
들을 제압하고, 광대한 지혜를 가지신 분은 홍수의 어둠을
건넜습니다.

539
당신은 궁극에 이르신 분, 괴로움의 그 너머로 가신 분, 아
라한, 완벽하게 깨달으신 분입니다. 당신은 번뇌를 제거한
분이라고 생각합니다. 당신은 찬란히 빛나고, 지혜롭고, 지
혜가 충만한 분입니다. 당신은 괴로움의 끝을 내는 분, 저를
건너게 하셨습니다.

540
당신은 저에게 의문이 있는 것을 아시고, 의혹을 건너게 하
셨습니다. 당신께 예경드립니다. 성자시여, 성인의 길에서
최상을 성취한 분이여, 마음의 황무지가 없는 태양의 종족

이여, 당신은 온화하십니다.

541
저에게 전에 있었던 의문을 당신은 풀어 주셨습니다. 통찰력을 가진 분이여, 진정 당신은 깨달은 성자입니다. 당신에게는 장애가 없습니다.

542
당신의 모든 번민은 부서지고 그 줄기가 제거되었습니다. 당신은 고요하고, 절제를 얻었고, 단호하고, 진정으로 정진하는 분이십니다.

543
코끼리 중에 코끼리시며, 위대한 영웅이신 당신께서 말씀하실 때, 나라다 신과 빱바따 신, 그리고 모든 신들이 기뻐합니다.

544
당신께 예경드립니다. 빼어난 분이시여, 당신께 예경드립니다. 인간 가운데 위없는 분이시여, 데와 신들을 포함한 온 세상에서 당신에게 견줄 만한 사람은 없습니다.

545

당신은 깨달은 분입니다. 당신은 스승이십니다. 당신은 악
마를 정복한 성자십니다. 당신은 잠재적 성향들을 끊고 피
안에 도달하셨고, 이 사람들을 건너도록 하십니다.

546

당신은 집착을 벗어났습니다. 당신의 번뇌는 부서졌습니다.
당신은 두려움과 공포를 제거하였습니다. 당신은 집착에서
벗어난 사자입니다.

547

아름다운 흰 연꽃이 물에 더럽혀지지 않듯이, 이처럼 당신
은 선과 악 둘 다에 더럽혀지지 않습니다. 발을 내십시오,
영웅이시여. 사비야는 스승께 예경드립니다."

그리고 방랑 수행자 사비야는 부처님의 두 발에 머리를 숙
이고 이처럼 말했다.

"훌륭하십니다, 고따마 존자님. 훌륭하십니다, 고따마 존
자님. 마치 넘어진 것을 일으켜 세우듯이, 가려진 것을 열어
보이듯이, 길 잃은 자에게 길을 가리켜 주듯이, 눈 있는 자
에게 형상을 보라고 어둠 속에 등불을 들어 (비추듯이), 바
로 이렇게 고따마 존자님에 의해서 가르침이 여러 가지 방
법으로 설명되었습니다. 저는 고따마 존자님께 귀의합니다.

담마에 귀의합니다. 그리고 승가에 귀의합니다. 저는 고따
마 존자님의 앞에서 출가를 하고 싶습니다. 구족계를 받고
싶습니다."

"사비야여, 누구든지 전에 다른 교단에 있었던 사람이 이 가
르침과 계율에 출가를 원하고, 구족계 받기를 원하면, 넉 달
의 심사기간을 살아야 합니다. 넉 달 후에 비구들이 마음에
흡족하면, 그에게 출가를 허락하고 비구로 인정하는 구족계
를 줍니다. 그러나 나는 이 경우에 개인 간의 차별을 인정합
니다."

"만일, 존자님, 전에 다른 교단에 있었던 사람이 이 가르침
과 계율에 출가를 원하고, 구족계 받기를 원하면, 넉 달의
심사기간을 살아야 하고, 넉 달 후에 비구들이 마음에 흡족
하면 그에게 출가를 허락하고 구족계를 준다면, 저는 4년의
심사기간을 살겠습니다. 4년 후에 비구들이 마음에 흡족하
면 저에게 출가를 허락하고 비구로 인정하는 구족계를 주십
시오."

그래서 방랑 수행자 사비야는 부처님 앞에서 출가를 허락받
았고 구족계를 받았다. 구족계 받은 지 오래지 않아 사비야
존자는 홀로 떨어져서, 부지런히, 열심히, 굳건히 홀로 머물
러, 오래지 않아 좋은 가문의 자제들이 바르게 집에서 집 없

3장 큰 장 · 195

는 곳으로 출가를 한 (바로 그 이유인), 청정한 삶의 위없는
목표에 이생에서 스스로 깨달아 도달하여 머물렀다.

　　태어남은 부서지고 청정한 삶은 성취되었고, 해야 할 일
을 마치고 더 이상 윤회하지 않는다고 알았다.

　　마침내 사비야 존자는 아라한 중에 한 분이 되었다.

3장 7
셀라의 경

Sela-sutta [셀라 숫따]

이와 같이 나는 들었다. 한때 부처님은 1,250명의 많은 비구 승가와 함께 앙굿따라빠에서 유행하시다가, 아빠나라고하는 앙굿따라빠의 작은 도시에 도착하셨다.

그때 타래 머리를 한 고행자 께니야는 (이런 소문을) 들었다. 사꺄 족에서 출가한 사꺄의 아들, 사문 고따마가 1,250명의 많은 비구 승가와 함께 앙굿따라빠에서 유행하시다가 아빠나에 도착하셨다.

이 고따마 존자에 대한 다음과 같은 좋은 평판이 자자하게 나 있다.

그 존귀하신 분은 '아라한, 온전히 깨달으신 분, 지혜와 덕행을 갖춘 분, 바른 길로 잘 가신 분, 세상을 잘 아는 분, 견줄 바가 없는 분, 사람을 길들이는 분, 신과 인간의 스승, 깨달으신 분, 존귀하신 분'이라는 것이다.

그는 신들의 세계와, 악마의 세계, 브라흐마 신의 세계, 사문과 브라흐민을 포함하는 세상 사람들, 신과 인간의 세상을 포함한 이 세상을 스스로 알고 스스로 깨달아 알게 한다.

그는 처음도 좋고, 중간도 좋고, 끝도 좋고, 의미와 문장을 갖춘 담마를 가르치신다. 그는 온전히 충만하고 온전히 깨끗한 청정한 삶을 보여 주신다. 그와 같은 아라한을 뵙는 것은 좋은 일이다.

그래서 고행자 께니야는 부처님이 계신 곳으로 갔다. 가서 부처님께 친밀하고 공손한 인사를 드리고 한쪽에 앉았다. 한쪽에 앉은 고행자 께니야를 부처님은 담마와 일치한 말씀으로 가르치고, 분발시키고, 격려하고, 기쁘게 하셨다.

부처님에 의해 담마와 일치한 말씀으로 가르침을 받고, 분발되고, 격려받고, 기쁘게 되어 고행자 께니야는 부처님께 이와 같이 말하였다.

"고따마 존자님은 비구 승가 대중과 함께 내일 저의 공양을 받아 주십시오."

이처럼 말했을 때 부처님은 고행자 께니야에게 이렇게 말씀하셨다.

"비구 승가 대중은 많습니다, 께니야, 1,250명이나 됩니다. 그리고 그대는 브라흐민들에게 헌신하고 있습니다."

두 번째에도 고행자 께니야는 부처님에게 이렇게 말하였다.

"고따마 존자님, 비구 승가 대중이 많고, 1,250명이나 된다 하더라도, 그리고 제가 브라흐민들에게 헌신하고 있다 하더라도, 고따마 존자님은 비구 승가 대중과 함께 내일 저의 공양을 받아 주십시오."

두 번째에도 부처님은 고행자 께니야에게 이렇게 말씀하셨다.

"비구 승가는 많습니다. 께니야, 1,250명이나 됩니다. 그리고 그대는 브라흐민들에게 헌신하고 있습니다."

세 번째에도 고행자 께니야는 부처님에게 이렇게 말하였다.

"고따마 존자님, 비구 승가 대중이 많고, 1,250명이나 된다 하더라도, 그리고 제가 브라흐민들에게 헌신하고 있다 하더라도, 고따마 존자님은 비구 승가 대중과 함께 내일 저의 공양을 받아 주십시오."

부처님은 침묵으로 허락하셨다.

그래서 고행자 께니야는 부처님께서 허락하신 것을 알고, 자리에서 일어나 자신의 사당으로 갔다. 그리고 친구와 동료, 친척과 혈족들에게 말하였다.

"친구와 동료, 친척과 혈족 여러분 제 말을 들으십시오. 나는 사문 고따마를 비구 승가 대중과 함께 내일 공양에 초대하였습니다. 그러니 저를 위해 (물건의) 구입과 일들을 해 주시면 좋겠습니다."

"그렇게 하겠습니다. 존자여."

고행자 께니야의 친구와 동료, 친척과 혈족들은 동의하고, 어떤 이는 화덕을 파고, 어떤 이는 장작을 패고, 어떤 이는 그릇을 씻고, 어떤 이는 물 단지를 정리하고, 어떤 이는 자리를 준비했다. 께니야 자신은 천막을 쳤다.

그때 브라흐민 셀라가 아빠나에 살고 있었다. 그는 세 가지 베다에 통달하였고 어휘, (제식) 의식, 음운론, 어원론, 다섯 번째로 구전에 통달하였다. 그는 베다의 구절에 정통하고, 문법에 숙달하고, 세간의 철학과 훌륭한 사람의 특징에 숙달하였다. 그는 300명의 브라흐민 젊은이들에게 베다를 가르치고 있었다.

그 당시 고행자 께니야는 브라흐민 셀라를 깊이 신뢰하고 있었다.

그런데 브라흐민 셀라는 300명의 브라흐민 젊은이들에 둘러싸여 이리저리 걷고 유행하다가 고행자 께니야의 사당으로 갔다.

브라흐민 셀라는 께니야의 사당에 사는 타래 머리를 한 고행자들이 어떤 이는 화덕을 파고, 어떤 이는 장작을 패고, 어떤 이는 그릇을 씻고, 어떤 이는 물 단지를 정리하고, 어떤 이는 자리를 준비하고, 께니야 자신은 천막을 치는 것을 보았다. 보고 나서 께니야에게 이렇게 말하였다.

"누가 장가갑니까? 아니면 시집갑니까? 또는 큰 제사라도 지내십니까? 또는 마가다의 왕 세니야 빔비사라 왕과 그의 군대를 내일 공양에 초대라도 했습니까?"

"아니요, 셀라. 장가가는 것도, 시집가는 것도 아닙니다. 또한 마가다 빔비사라 왕과 그의 군대를 내일 초청하지도 않았습니다.

그렇지만 큰 공양이 준비돼 있습니다. 사꺄 족에서 출가한 사꺄의 아들 사문 고따마가 1,250명의 많은 비구 승가와 함께 앙굿따라빠에서 유행하시다가 아빠나에 도착하셨습니다.

이 고따마 존자에 대한 다음과 같은 좋은 평판이 자자하게 나 있습니다.

그 존귀하신 분은 '아라한, 온전히 깨달으신 분, 지혜와 덕행을 갖춘 분, 바른 길로 잘 가신 분, 세상을 잘 아는 분, 견줄 바가 없는 분, 사람을 길들이는 분, 신과 인간의 스승, 깨달으신 분, 존귀하신 분'이라는 것입니다.

저는 그분을 비구 승가 대중과 함께 내일 공양에 초대하였습니다."

"깨달은 분이라고 말했습니까, 께니야?"
"깨달은 분이라고 말했습니다, 셀라."

"깨달은 분이라고 말했습니까, 께니야?"
"깨달은 분이라고 말했습니다, 셀라."

그러자 브라흐민 셀라에게 이런 생각이 들었다. "'깨달은 분'이라는 이 말조차 이 세상에서 듣기 어렵다. 위대한 사람의 서른두 가지 특징이 베다의 찬가에 전해져 오고 있다. 이런 특징을 갖춘 위대한 사람에게는 두 길밖에는 다른 길이 없다. 만일 그가 재가에 살면 그는 전륜성왕, 정의로운 왕, 덕이 있는 왕, 사방의 정복자, 나라에 안정을 가져오고, 일곱 가지 보배를 소유한 왕이 된다.

이것들은 그의 일곱 가지 보배이다. 즉 수레바퀴 보배, 코끼리 보배, 말 보배, 보석 보배, 여자 보배, 재가자 보배, 일곱 번째로 안내자 보배이다.

그는 용맹하고, 영웅 같은 모습을 하고, 적군을 쳐부수는 1,000명 이상의 아들이 있다. 그는 이 대지를 바다 끝에 이르기까지 폭력 없이, 칼 없이, 정의로써 정복하고 산다. 그러나 만약 집에서 집 없는 곳으로 출가하면, 그는 아라한, 온전히 깨달으신 분, 세상에서 (괴로움의) 덮개를 제거하는 사람이 된다.'

"존자 께니야여, 아라한, 온전히 깨달으신 분, 그 고따마 존자님이 지금 어디에 계십니까?"

이렇게 말하자 고행자 께니야는 오른팔을 들어 브라흐민 셀라에게 말했다.

"저기 숲에 푸른 선이 있는 곳입니다. 셀라 존자님."

그래서 브라흐민 셀라는 300명의 브라흐민 젊은이들과 함

께 부처님이 계신 곳으로 갔다. 그리고 브라흐민 셀라는 그
들 브라흐민 젊은이들에게 말하였다.

"한 발 한 발 조심해 걷고, 조용히 와라. 존귀한 분들은
사자처럼 홀로 걸으시기에 접근하기 어렵기 때문이다. 그리
고 내가 고따마 사문과 이야기를 하고 있으면, 중간에 끼어
들어서는 안 된다. 내 말이 끝날 때까지 기다려야 한다."

그리고 나서 브라흐민 셀라는 부처님이 계신 곳으로 갔
다. 가서 부처님께 친밀하고 공손한 인사를 드리고 한쪽에
앉았다. 한쪽에 앉은 브라흐민 셀라는 부처님의 몸에서 위
대한 사람의 서른두 가지 특징[82]을 살폈다.

그런데 브라흐민 셀라는 부처님 몸에서 두 개를 제외하
고 위대한 사람의 서른두 가지 특징의 대부분을 보았다. 위
대한 사람의 두 가지 특징에 대하여 의심스럽고 당혹스러웠
다. 그는 (마음이) 안정되지 않고 확신을 갖지 못했다. (두
가지는) 얇은 막으로 둘러싸인 성기와 커다란 혀이다.

그런데 부처님에게 이런 생각이 들었다. '이 브라흐민 셀라
는 나의 몸에서 위대한 사람의 서른두 가지 특징의 두 개를
제외한 대부분을 보았다. 위대한 사람의 두 가지 특징에 대
하여 그는 의심스럽고 당혹스러웠다. 그는 (마음이) 안정되
지 않고 확신을 갖지 못했다. (두 가지는) 얇은 막으로 둘러
싸인 성기와 커다란 혀이다.'

그래서 부처님은 브라흐민 셀라가 부처님의 얇은 막으로

둘러싸인 성기를 볼 수 있도록 신통력을 행하셨다.[83] 그리고 부처님은 혀를 내밀어 양쪽 귓구멍에 닿게 하였다. 또한 콧구멍에 닿게 하였다. 또한 앞이마 전체를 혓바닥으로 덮었다.

그러자 브라흐민 셀라에게 이런 생각이 들었다. '사문 고따마는 참으로 위대한 사람의 서른두 가지 특징을 불완전하지 않고 아주 완전히 갖추고 계시다. 그러나 나는 그가 깨달은 분인지 아닌지는 모르겠다.

그러나 늙고 연로하고, 스승들과 스승의 스승들인 브라흐민들에 의해 말해지는 것을 들은 적이 있다. 아라한들, 온전히 깨달으신 분들은 그들 자신의 칭찬이 이야기될 때는 그들 자신을 드러낸다고 한다. 그러면 내가 사문 고따마를 알맞은 게송으로 그 앞에서 찬탄하면 어떨까?'

그래서 브라흐민 셀라는 부처님을 그 앞에서 알맞은 게송으로 찬탄하였다.

548
"당신은 완벽한 몸매입니다.
찬란히 빛나고, 훌륭하게 태어나시고,
보기에도 아름답고, (몸매는) 금빛입니다.
부처님, 치아는 아주 하얗고, 당신은 힘이 넘칩니다.

549

참으로 훌륭하게 태어난 사람에게
어떤 특징이 있든지,
그런 모든 위대한 사람의 특징들이
당신의 몸에 있습니다.

550

맑은 눈, 잘 생긴 얼굴을 가지셨습니다.
풍채가 크고
반듯하고, 위엄이 있습니다.
사문의 승가 가운데에서 태양처럼 빛납니다.

551

당신은 황금빛 같은 피부의
아름다운 외관을 가진 비구입니다.
그런 최상의 아름다움을 가진 당신에게
사문의 삶이 무슨 소용이 있습니까?

552

당신은 전륜성왕이 되기에 족합니다.
전차 위의 정복자,
온 세상의 정복자,
잠부 숲[84]의 군주가 되셔야 합니다.

553
왕족과, 지방의 왕들은
당신에게 헌신할 것입니다.
왕중의 왕,
인간의 왕으로서 통치하십시오, 고따마."

554
"셀라여, 나는 왕입니다,
위없는 담마의 왕.
담마로써 바퀴를 굴립니다.
거꾸로 돌릴 수 없는 바퀴를."

555
"당신은 온전히 깨달은 자라고 선언하십니다.
당신은 위없는 담마의 왕,
담마로써 바퀴를 굴린다고 말씀하십니다, 고따마.

556
그러면 누가 존자님의 장군입니까?
누가 제자입니까? 누가 스승의 계승자입니까?
누가 당신에 의해 굴려진 담마의 바퀴를
당신의 모범을 따라 계속 굴립니까?"

557

"셀라여, 내가 굴린
위없는 담마의 바퀴를
여래의 뒤를 이어
사리뿟다[85]가 굴릴 것입니다.

558

나는 알아야 할 것을 알았고,
연마해야 할 것을 연마하였고,
버려야 할 것을 버렸습니다.
그러므로 브라흐민이여,
나는 '깨달은 자'입니다.

559

나에 대한 의혹을 버리시오.
믿음을 가지시오, 브라흐민,
깨달은 분들의 친견은
매우 얻기 어렵습니다.

560

그런 분들의 나타남은
이 세상에서 또다시 얻기 어렵습니다.
나는 온전히 깨달은 사람

으뜸가는 화살의 제거자입니다.

561
나는 가장 빼어난 존재, 비길 데 없고,
악마의 군대를 쳐부수는 자,
모든 적들을 항복시키고
어디에서든 두려움 없이 기뻐합니다."

562
(셀라)
"통찰력을 갖추신 분께서 말씀하시는 것처럼,
그대들이여, 이것을 들으라.
화살의 제거자, 위대한 영웅께서
숲에서 사자처럼 포효하신다.

563
가장 빼어난 존재, 비길 데 없고,
악마의 군대를 쳐부수는 자를
누가 보고 믿음을 갖지 않겠는가?
천한 태생이라도 믿으리라.

564
원하는 자는 나를 따르라.

원하지 않는 자는 가거라.
뛰어난 지혜를 지닌 분의 앞에서
여기에서 나는 출가하겠다."

565
(셀라의 제자들)
"만일 온전히 깨달으신 분의 가르침이
존자님에게 기쁨이 된다면,
우리도 또한 뛰어난 지혜를 지닌
분의 앞에서 출가하겠습니다."

566
(셀라)
"저희들 300명의 브라흐민은
합장하고 청합니다.
부처님, 저희들은 당신의 곁에서
청정한 삶을 살겠습니다."

567
부처님은 말씀하셨다.
"셀라여, 청정한 삶은 잘 설해져 있습니다.
그것은 눈에 보이는 것이고 즉각적인 것입니다.
그러므로 자신을 수련하는 깨어 있는 사람에게

출가는 헛된 것이 아닙니다."

그래서 셀라 브라흐민은 거기 있는 젊은이들과 함께 부처님 앞에서 출가 허락을 받았다. 그리고 구족계를 받았다.

한편 타래 머리를 한 고행자 께니야는 그날 밤이 지나자 자신의 사당에 여러 가지 먹기 좋은 훌륭한 음식을 준비해 놓고 부처님께 시간을 알리도록 하였다.

"고따마 존자님, 때가 되었습니다. 음식이 준비되었습니다."

그래서 부처님은 아침에 옷을 입고, 발우와 가사를 들고 고행자 께니야의 사당이 있는 곳으로 가셨다. 그리고 비구 승가 대중과 함께 미리 준비된 자리에 앉으셨다.

그러자 고행자 께니야는 여러 가지 먹기 좋은 훌륭한 음식으로, 그 수장이신 부처님과 비구 승가 대중에게 자신의 손으로 시중들고 기쁘게 하였다.

고행자 께니야는 부처님이 공양을 마치고 발우에서 손을 내리시자[86] 낮은 자리를 취하여 한쪽에 앉았다. 한쪽에 앉은 고행자 께니야를 부처님은 이런 게송으로 기쁘게 하셨다.

568
"불의 제사는 제사 중에서 으뜸이고,
〈사윗띠〉[87]는 찬가 중에서 으뜸이고,
임금은 인간 중에서 으뜸이고,
바다는 강 중에서 으뜸입니다.

569
달은 별들 가운데서 으뜸이고,
태양은 빛나는 것 중에서 으뜸이고,
공덕을 찾아 공양하는 사람들에게
승가는 으뜸입니다."

부처님은 고행자 께니야에게 이런 시로써 기쁘게 하고 자리
에서 일어나 떠나셨다.

(한편) 셀라 존자와 그 무리들은 홀로 떨어져서, 부지런히,
열심히, 굳건히 홀로 머물러, 오래지 않아 좋은 가문의 자제
들이 바르게 집에서 집 없는 곳으로 출가를 한 (바로 그 이
유인), 청정한 삶의 위없는 목표에 이생에서 스스로 깨달아
도달하여 머물렀다.

　태어남은 부서지고 청정한 삶은 성취되었고, 해야 할 일
을 마치고 더 이상 윤회하지 않는다고 알았다. 그래서 셀라
존자와 그 무리들은 아라한 중에 한 분이 되었다.

　그때 셀라 존자와 그 무리들은 부처님이 계신 곳으로 갔
다. 가서 한쪽 어깨에 가사를 걸치고 부처님께 합장하고 게
송으로 말하였다.

570
"당신께 귀의한 지 팔 일째입니다.

통찰력을 가진 분이여,
칠 일이 지나 저희들은
당신의 가르침에 길들여졌습니다.

571
당신은 깨달은 분입니다.
당신은 스승입니다.
당신은 악마를 정복한 성자입니다.
당신은 잠재적 성향을 끊어 버리고
피안에 도달하시고, 이 사람들을 건너게 하십니다.

572
당신은 (윤회의) 토대에서 벗어났습니다.
당신의 번뇌는 부서졌습니다.
당신은 집착 없는 사자입니다.
당신은 두려움과 공포를 제거하셨습니다.

573
이들 300명의 비구들이
합장하고 서 있습니다.
발을 내십시오, 영웅이시여.
코끼리들은[88] 스승께 예경드립니다."

3장 8

화살의 경

Salla-sutta[살라 숫따]

574

이 세상에서 죽기 마련인 목숨은
(얼마나 살지) 표시도 없고, 알 수도 없고
비참하고, 짧고,
괴로움으로 묶여 있다.

575

태어난 것이 죽지 않을 방법은 없다.
(오래 살아) 늙음에 이르러도
역시 죽음이 (기다리고) 있다.
이런 현상이 바로 살아 있는 존재들이다.

576
익은 과일처럼 떨어짐의 두려움이 있다.
이처럼 태어난,
죽기 마련인 존재들은
항상 죽음의 두려움이 있다.

577
도공에 의해 만들어진 옹기그릇이
마침내는 모두 부서져 버리듯이,
이처럼 죽기 마련인 존재의
목숨도 그와 같다.

578
젊은이도, 늙은이도,
어리석은 이도, 지혜로운 이도,
모두 죽음의 힘 속으로 간다.
모든 존재의 마지막 지점은 죽음이다.

579
죽음에 정복되어
저 세상으로 가는 사람들의
아버지도 자식을 구하지 못하고
친척들도 (다른) 친척들을 구하지 못한다.

580

보라! 친척들이 보고 있는데도,
그리고 울부짖는데도,
도살장으로 끌려가는 소처럼,
죽기 마련인 사람들은 한 사람씩 끌려간다.

581

이처럼 세상은
늙음과 죽음에 의해 고통을 받는다.
그러므로 지혜로운 사람들은
세상의 이치를 알고 슬퍼하지 않는다.

582

그대는 온 사람의,
간 사람의 길을 알지 못한다.
그대는 양 쪽 끝을 보지 않고
부질없이 슬퍼한다.

583

만일 당황한 자가
울부짖고 자신을 해쳐서
무슨 이익이라도 얻어 낸다면,
지혜로운 자도 그렇게 할 것이다.

584

울고 슬퍼하는 것으로는
마음의 평안을 얻을 수 없다.
괴로움이 더욱더 일어나고
몸이 상할 뿐이다.

585

그는 스스로를 해치면서
(몸은) 여위고 창백하게 된다.
그런 것으로 죽은 자를 지키지도 못한다.
울부짖음은 부질없는 일이다.

586

슬픔을 버리지 않으면
사람은 점점 더 괴로움으로 간다.
죽은 자 때문에 우는 것은
슬픔의 지배 아래 떨어진 것이다.

587

죽음의 지배 아래 떨어져
떨고 있는 살아 있는 존재들,
그들의 행위에 따라 (죽음으로) 가는 사람들,
또한 죽음에 당면한 다른 사람들을 보라.

588
사람들이 어떤 식으로 생각하더라도
그것과는 다르게 된다.
(세상에서) 떠남도 그와 같으니
세상의 이치를 보라.

589
사람이 백 년을 살거나
그 이상을 산다 할지라도,
(결국은) 친족들을 떠나
이 세상의 목숨을 버린다.

590
그러므로 아라한의 말씀을 듣고서
한탄을 버리고,
죽어 떠나간 사람을 보고서는
'그를 다시는 보지 못한다.'라고
(생각해야 한다).

591
불이 붙은 집을 물로 꺼 버리듯이,
확고하고, 지혜롭고, 현명하고, 능숙한 사람은
바람이 솜을 날려 버리듯이

일어난 슬픔을 재빨리 날려 버려야 한다.

592
자신의 행복을 바라는 사람은
한탄과 욕심, 자신의 (안에 있는)
우울함의 화살을 뽑아내야 한다.

593
화살을 뽑아 버리고 집착 없이
마음의 평온을 얻고서
모든 슬픔을 뛰어넘으면
슬픔에서 벗어나게 되고 평온하게 된다.

3장 9
와셋타의 경

Vasettha-sutta[와셋타 숫따]

이와 같이 나는 들었다. 한때 부처님은 잇차낭깔라의 잇차낭깔라 숲에 계셨다. 그때 명망 있고 부유한 많은 브라흐민들이 잇차낭깔라에 살고 있었다. 즉 브라흐민 짱끼, 브라흐민 따룩까, 브라흐민 뽁까라사띠, 브라흐민 자눗소니, 브라흐민 또데야, 그리고 명망 있고 부유한 다른 브라흐민들이 있었다.

그때 브라흐민 젊은이 와셋타와 바라드와자는 이리저리 산책하며 걸으면서 이런 대화가 생겼다. "어떻게 브라흐민이 되는 걸까?"

브라흐민 젊은이 바라드와자는 이렇게 말했다.

"어머니 쪽과 아버지 쪽 양쪽이 훌륭히 태어나고, 칠 대의 조상에 이르기까지 순수한 혈통이고, 출생에 대하여 비판받지 않고, 힐책받지 않는 이와 같은 사람이 브라흐민이 된다."

브라흐민 젊은이 와셋타는 이렇게 말했다

"계행을 지키고, 수행을 갖춘 사람, 이와 같은 사람이 브라흐민이 된다."

그래서 바라드와자는 와셋타를 납득시킬 수 없었고, 와셋타는 바라드와자를 납득시킬 수 없었다. 그러자 와셋타는 바라드와자에게 말하였다.

"바라드와자, 사꺄 족에서 출가한 사꺄의 아들 고따마가 잇차낭깔라의 잇차낭깔라 숲에 계신다. 이 고따마 존자에 대한 다음과 같은 좋은 평판이 자자하게 퍼져 있다. 그 존귀하신 분은 '아라한, 온전히 깨달으신 분, 지혜와 덕행을 갖춘 분, 바른 길로 잘 가신 분, 세상을 잘 아는 분, 견줄 바가 없는 분, 사람을 길들이는 분, 신과 인간의 스승, 깨달으신 분, 존귀하신 분'이라는 것이다.

바라드와자 존자여, 사문 고따마에게 가 보자. 가서 사문 고따마에게 이 문제를 물어보자. 사문 고따마가 우리에게 설명하는 것처럼 그렇게 그것을 이해하도록 하자."

"그렇게 하자."

바라드와자는 와셋타에게 동의했다.

그래서 와셋타와 바라드와자는 부처님이 계신 곳으로 갔다. 가서 부처님께 친밀하고 공손한 인사를 드리고 한쪽에 앉았다. 한쪽에 앉은 와셋타는 부처님께 게송으로 말하였다.

594

"우리는 둘 다 세 가지 베다에 통달한 자들로 인정받고 우리
도 그렇게 압니다. 나는 뽁카라사띠의 학생이고, 이 사람은
따룩카의 학생입니다.

595

세 가지 베다에서 가르친 것이 무엇이든지 우리들은 완전히
거기에 통달하고 있습니다. 우리는 베다의 구절과 문법에
정통하고 (베다의) 암송에는 스승과 비슷합니다.

596

우리들에게 태생에 관하여 논쟁이 있습니다, 고따마여. 바
라드와자는 태생에 의하여 브라흐민이 된다고 말합니다. 그
러나 나는 행위에 의한 것이라고 말합니다. 이처럼 아십시
오. 통찰력을 갖춘 분이여.

597

우리는 둘 다 서로를 납득시킬 수가 없습니다. (그래서) 온
전히 깨달으신 분으로 널리 알려진 존자님께 여쭙고자 왔습
니다.

598

달이 점점 커지기 시작하면 사람들이 달에게 합장하고 숭배

하면서 예경하듯이, 그처럼 (사람들은) 세상에서 고따마께 예경합니다.

599
세상에서 '눈'으로 출현하신 고따마께 여쭙니다. 출생에 의하여 브라흐민이 됩니까, (아니면) 행위에 의하여입니까? 저희들은 알지 못하오니 브라흐민에 대하여 알 수 있도록 설명해 주십시오."

600
부처님은 말씀하셨다.
"와셋타, 살아 있는 존재들의 출생의 특성을 차례로, 사실대로 그대들에게 설명하겠소. (존재들이 다양한 것은) 그들의 출생이 다양하기 때문이오.

601
풀이나 나무를 생각해 보시오. 비록 그것들이 (다름을) 인정하지 않더라도 출생에 따른 특성이 그들에게 있소. 그들의 출생이 다양하기 때문이오.

602
곤충과 나방 그리고 개미에 이르기까지 출생에 따른 특성이 그들에게 있소. 그들의 출생이 다양하기 때문이오.

603

작은 것이나 큰 것이나 네 발 가진 짐승들을 생각해 보시오. 출생에 따른 특성이 그들에게 있소. 그들의 출생이 다양하기 때문이오.

604

뱀과 길이가 긴 배로 기어 다니는 것들을 또한 생각해 보시오. 출생에 따른 특성이 그들에게 있소. 그들의 출생이 다양하기 때문이오.

605

물에 서식지를 가진 물에 사는 물고기들을 또한 생각해 보시오. 출생에 따른 특성이 그들에게 있소. 그들의 출생이 다양하기 때문이오.

606

날개를 펴고 하늘을 나는 새들을 또한 생각해 보시오. 출생에 따른 특성이 그들에게 있소. 그들의 출생이 다양하기 때문이오.

607

이러한 출생들 중에는 출생에 따른 특성이 다양하지만, 인간 중에는 출생에 따른 특성이 다양하지 않소.

608

머리카락에도 다름이 없고, 머리, 귀, 눈, 입, 코, 입술, 눈썹
에 의해서도 (다름이) 없고,

609

목에도 없고, 어깨, 배, 등, 엉덩이, 가슴, 여성 성기, 남성
성기에 의해서도 (다름이) 없고,

610

손에도 없고, 발, 손가락, 손톱, 종아리, 허벅지, 피부색, 음
성에도 (다름이) 없고, 다른 출생들에서처럼 인간은 출생에
따른 (다른) 특성은 없소.

611

각각의 인간의 몸에서는 이 (다름이) 발견되지 않소. 인간
중에서의 다름은 그들의 '이름'일 뿐이라고 말해집니다.

612

인간 가운데 소를 쳐서 살아가는 사람은
와셋타, 이처럼 알아야 하오.
그는 농부이지 브라흐민이 아니오.

613

인간 가운데 여러 가지 기술로 살아가는 사람은
와셋타, 이처럼 알아야 하오.
그는 기술자이지 브라흐민이 아니오.

614

인간 가운데 상업으로 살아가는 사람은
와셋타, 이처럼 알아야 하오.
그는 상인이지 브라흐민이 아니오.

615

인간 가운데 남의 시종으로 살아가는 사람은
와셋타, 이처럼 알아야 하오.
그는 하인이지 브라흐민이 아니오.

616

인간 가운데 주지 않은 것을 (취함으로써) 살아가는 사람은
와셋타, 이처럼 알아야 하오.
그는 도둑이지 브라흐민이 아니오.

617

인간 가운데 활쏘기로 살아가는 사람은
와셋타, 이처럼 알아야 하오.

그는 무사이지 브라흐민이 아니오.

618
인간 가운데 제사로 살아가는 사람은
와셋타, 이처럼 알아야 하오.
그는 제관이지 브라흐민이 아니오.

619
인간 가운데 마을과 왕국을 다스리는 사람은
와셋타, 이처럼 알아야 하오.
그는 왕이지 브라흐민이 아니오.

620[89]
(브라흐민) 자궁에서 태어나고, (브라흐민) 어머니에게서
생겼다고 해서 나는 그를 브라흐민이라 부르지 않소. 그가
만일 세속적 집착으로 가득하다면, 그는 '그대여'라고 불리
는 자일 뿐이오. 아무것도 가진 것 없고, 집착에서 벗어난
사람, 그를 나는 브라흐민이라 부르오.

621
모든 속박을 끊어 버리고, (두려움으로) 떨지 않고, 집착의
그 너머로 간, 묶임에서 벗어난 사람, 그를 나는 브라흐민이
라 부르오.

622**90)**

가죽 띠와 가죽 끈과 밧줄을 굴레와 함께 잘라 버리고, 빗장
을 들어 올린 분, 깨달은 분, 그를 나는 브라흐민이라 부르오.

623

욕설, 매질, 포박을 성냄이 없이 참아 내고, 인내력이 강하
고, 이 강함을 군대로 갖고 있는 사람, 그를 나는 브라흐민
이라 부르오.

624

성냄이 없고, 의무를 다하고, 계행을 지키고, 욕망에서 벗어
나고, 절제된, 최후의 몸을 가진 사람, 그를 나는 브라흐민
이라 부르오.

625

연꽃잎 위의 물처럼, 송곳 끝의 겨자씨처럼 감각적 쾌락에
더럽혀지지 않는 사람, 그를 나는 브라흐민이라 부르오.

626

이 세상에서 자신의 괴로움의 소멸을 알고, 짐을 내려놓고,
묶임에서 벗어난 사람, 그를 나는 브라흐민이라 부르오.

627

지혜가 깊고 슬기롭고, 길과 길 아닌 것을 아는 것에 숙달된
사람, 최상의 목표에 도달한 사람, 그를 나는 브라흐민이라
부르오.

628

재가자와도 출가자와도 그 양자와의 교제를 삼가고, 집 없
이 유행하며, 적게 원하는 사람, 그를 나는 브라흐민이라 부
르오.

629

식물에게나 동물에게나 모든 존재들에 대하여 폭력을 내려
놓고, 죽이지도 않고 죽이도록 하지도 않는 사람, 그를 나는
브라흐민이라 부르오.

630

증오하는 사람들 가운데에서 증오하지 않고, 폭력을 쓰는
사람들 가운데에서 평온하고, 집착하는 사람들 가운데에서
집착하지 않는 사람, 그를 나는 브라흐민이라 부르오.

631

송곳 끝에서 겨자씨가 떨어지듯이 욕망과, 증오와, 자만과,
위선이 떨어져 나간 사람, 그를 나는 브라흐민이라 부르오.

632

거칠지 않고, 교훈적이고, 진실한 말을 하고, 아무에게도 성
나게 하지 않는 사람, 그를 나는 브라흐민이라 부르오.

633

이 세상에서 길거나 짧거나, 작거나 크거나, 곱거나 추하거
나 간에 주지 않은 것을 갖지 않는 사람, 그를 나는 브라흐
민이라 부르오.

634

이 세상과 저 세상에 대한 욕망이 없고, 갈망에서 벗어나고
속박에서 벗어난 사람, 그를 나는 브라흐민이라 부르오.

635

집착이 없고, (진리를) 깨달았기에 의혹이 없고, 죽음이 없
는 경지의 군건한 토대에 도달한 사람, 그를 나는 브라흐민
이라 부르오.

636

이 세상에서 공덕과 악행 양쪽의 집착을 초월한 사람, 슬픔
에서 벗어나고, 더럼이 없고, 청정한 사람, 그를 나는 브라
흐민이라 부르오.

637
달처럼 티가 없고, 깨끗하고, 고요하고, 동요가 없고, 존재에
대한 갈애를 소멸한 사람, 그를 나는 브라흐민이라 부르오.

638
이 진흙탕 길, 이 험한 길, 윤회, 어리석음을 건너 그 너머로
간 사람, 명상에 들고, 욕망이 없이, 의혹 없이, 집착이 없
이, 열반에 도달한 사람, 그를 나는 브라흐민이라 부르오.

639
이 세상에서 감각적 쾌락을 버리고, 집 없이 유행하고, 감각
적 쾌락과 존재를 소멸한 사람, 그를 나는 브라흐민이라 부
르오.

640
이 세상에서 갈애를 버리고, 집 없이 유행하고, 갈애와 (윤회
하는) 존재를 소멸한 사람, 그를 나는 브라흐민이라 부르오.

641
인간의 속박을 버리고 천상의 속박도 초월하고 모든 속박에
서 벗어난 사람, 그를 나는 브라흐민이라 부르오.

642

좋음도 싫음도 버리고 고요해져, 집착 없이 온 세상을 정복
한 영웅, 그를 나는 브라흐민이라 부르오.

643

모든 면에서 살아 있는 존재의 죽음과 다시 태어남을 알고,
집착에서 벗어나고, 잘 가신 분, 깨달은 분, 그를 나는 브라
흐민이라 부르오.

644

신들도, 간답바 신도, 인간들도 그의 목적지를 모르는 분, 번
뇌가 부서진 사람, 아라한, 그를 나는 브라흐민이라 부르오.

645

과거에도 현재에도 미래에도 (집착이) 아무것도 없고, 집착
에서 벗어난 사람, 그를 나는 브라흐민이라 부르오.

646

황소 (같은 분), 거룩한 분, 영웅, 위대한 성자, 승리자, 욕망
에서 벗어난 분, 목욕재계한 분,[91] 깨달은 분, 그를 나는 브
라흐민이라 부르오.

647

전생을 아는 분, 천상과 지옥을 보는 분, 태어남의 부숨에
이른 사람, 그를 나는 브라흐민이라 부르오.

648

이 세상에서 만들어진 이름과 가문은 참으로 명칭일 뿐이오.
여기저기에서 만들어진 것은 관습에 의해 생겨난 것이오.

649

무지한 자의 그릇된 견해가 오랜 세월 동안 잠재된 것이오.
무지한 자들은 말합니다,
출생에 의해 브라흐민이 된다고.

650

출생에 의해 브라흐민이 되는 것이 아니오. 출생에 의해 브
라흐민이 아닌 자가 되는 것도 아니오. 행위에 의해 브라흐
민이 되고, 행위에 의해 브라흐민이 아닌 자가 됩니다.

651

행위에 의해 농부가 되고, 행위에 의해 기술자가 되고, 행위
에 의해 상인이 되고,
행위에 의해 하인이 됩니다.

652
행위에 의해 도둑이 되고, 행위에 의해 무사가 되고, 행위에
의해 제관이 되고,
행위에 의해 왕이 됩니다.

653
이처럼 원인에 의해 일어나는 도리를 보고, 행위의 결과를
알고, 지혜로운 사람은 그 행위를 있는 그대로 봅니다.

654
세상은 행위에 의해 움직입니다. 인간은 행위에 의해 움직
입니다. 달리는 수레의 축이 (바퀴에 묶여) 있듯이, 살아 있
는 존재들은 행위에 의해 (서로) 묶여 있소.

655
고행에 의해, 청정한 삶에 의해, 자아절제에 의해, 그리고
자신의 길들임에 의해, 이것으로써 브라흐민이 됩니다. 이
것이 으뜸가는 브라흐민입니다.

656
이처럼 알아야 하오. 세 가지 지혜를 갖춘 평온하고, 다시
태어남이 부수어진 사람, 지혜로운 사람들이 볼 때는 그는
브라흐마 신이고, 삭까 신입니다."

이처럼 말씀하시자 브라흐민 청년 와셋타와 바라드와자는 부처님께 이렇게 말했다.

"훌륭하십니다, 고따마 존자님. 훌륭하십니다, 고따마 존자님. 마치 넘어진 것을 일으켜 세우듯이, 가려진 것을 열어 보이듯이, 길 잃은 자에게 길을 가리켜 주듯이, 눈 있는 자는 형상을 보라고 어둠 속에 등불을 들어 (비추듯이), 바로 이렇게 고따마 존자님에 의해서 가르침이 여러 가지 방법으로 설명되었습니다.

저희는 고따마 존자님께 귀의합니다. 그리고 담마에 귀의합니다. 그리고 승가에 귀의합니다.

오늘부터 목숨이 다할 때까지 귀의하오니, 고따마 존자님께서는 저희들을 재가 신자로 받아 주십시오."

3장 10

꼬깔리야의 경

Kokaliya-sutta [꼬깔리야 숫따]

이와 같이 나는 들었다. 한때 부처님은 사왓티의 기원정사에 계셨다. 그때 비구 꼬깔리야는 부처님이 계신 곳으로 갔다. 가서는 부처님께 인사를 드리고 한쪽에 앉았다. 한쪽에 앉은 꼬깔리야 비구는 부처님께 이렇게 말했다.

"부처님, 사리뿟따와 목갈라나는 나쁜 욕망을 가지고 있고, 그들은 악한 욕망에 지배되고 있습니다."

이렇게 말했을 때 부처님은 비구 꼬깔리야에게 이렇게 말씀하셨다.

"그렇게 말하지 말라, 꼬깔리야. 그렇게 말하지 말라, 꼬깔리야. 사리뿟따와 목갈라나에 대하여 그대의 마음에 믿음을 가져라. 사리뿟따와 목갈라나는 바른 행동을 하는 사람들이다."

두 번째로 비구 꼬깔리야는 부처님께 말하였다.

"설령 부처님께서 저에게 신뢰와 믿음을 가지라고 하신다 해도, 그렇지만 사리뿟따와 목갈라나는 나쁜 욕망을 가지고 있고 그들은 악한 욕망에 지배되고 있습니다."

두 번째로 부처님은 비구 꼬깔리야에게 이렇게 말씀하셨다.

"그렇게 말하지 말라, 꼬깔리야. 그렇게 말하지 말라, 꼬깔리야. 사리뿟따와 목갈라나에 대하여 그대의 마음에 믿음을 가져라. 사리뿟따와 목갈라나는 바른 행동을 하는 사람들이다."

세 번째로 비구 꼬깔리야는 부처님께 이렇게 말하였다.

"설령 부처님께서 저에게 신뢰와 믿음을 가지라고 하신다 해도, 그렇지만 사리뿟따와 목갈라나는 나쁜 욕망을 가지고 있고 그들은 악한 욕망에 지배되고 있습니다."

세 번째로 부처님은 비구 꼬깔리야에게 이렇게 말씀하셨다.

"그렇게 말하지 말라, 꼬깔리야. 그렇게 말하지 말라, 꼬깔리야. 사리뿟따와 목갈라나에 대하여 그대의 마음에 믿음을 가져라. 사리뿟따와 목갈라나는 바른 행동을 하는 사람들이다."

그때 꼬깔리야 비구는 자리에서 일어나 부처님께 인사를 드리고, 오른쪽으로 돌아서 나갔다. 나간 지 얼마 되지 않아서 비구 꼬깔리야의 온몸에 겨자씨만 한 종기가 퍼졌다. 겨

자씨만 한 것이 팥알만 해졌다. 팥알만 한 것이 완두콩만 해
졌다. 완두콩만 한 것이 대추씨만 해졌다. 대추씨만 한 것
이 대추만 해졌다. 대추만 한 것이 아말라까만 해졌다. 아말
라까만 한 것이 빌와 나무의 아직 익지 않은 열매만 해졌다.
빌와 나무의 아직 익지 않은 열매만 한 것이 빌와 나무의
(익은) 열매만 해졌다. 빌와 나무의 (익은) 열매만 한 것이
터져서 피와 고름이 흘렀다. 그래서 비구 꼬깔리야는 그 병
으로 죽었다. 꼬깔리야 비구는 사리뿟따와 목갈라나에 대하
여 증오하는 마음을 품었기에, 죽은 후 빠두마[92] 지옥에 다
시 태어났다.

그때 브라흐마 사함빠띠가 밤이 깊어서 아름다운 빛으로 제
따 숲을 두루 비추며 부처님이 계신 곳으로 다가갔다. 다가
가서 부처님께 인사를 드리고 한쪽에 섰다. 한쪽에 선 브라
흐마 사함빠띠는 부처님께 이렇게 말했다.
　"부처님, 꼬깔리야 비구는 죽었습니다. 꼬깔리야 비구는
사리뿟따와 목갈라나에 대하여 증오하는 마음을 품었기에
죽은 후 빠두마 지옥에 다시 태어났습니다. 이처럼 브라흐
마 사함빠띠는 말했다. 이렇게 말한 뒤 부처님께 인사를 드
리고 오른쪽으로 돌아서 그곳에서 사라졌다.
　그때 부처님은 밤이 지나고 나서 비구들에게 말씀하셨다.
　부처님은 브라흐마 사함빠띠가 와서 말한 내용을 그대로
비구들에게 말하였다.

이와 같이 말씀하셨을 때 어떤 비구가 부처님께 이렇게 말하였다.

"부처님, 빠두마 지옥에서의 수명은 얼마나 오래입니까?"

"빠두마 지옥에서의 수명의 기간은 참으로 길다. 그것을 몇 년, 몇 백 년, 몇 천 년, 또는 몇 십만 년이라고 헤아린다는 것은 쉽지 않다."

"그러면 부처님, 예를 드는 것이 가능한가요?"

"가능하지."라고 부처님은 말씀하셨다.[93]

"이를테면 꼬살라 국 (계량으로) 20카리('말'과 같은 용어)의 참깨 한 수레 분량이 있다고 하자. 그것에서 사람이 매 100년의 끝에 참깨 한 알씩을 꺼낸다고 하자. 그런데 꼬살라 국 (계량으로) 20카리의 참깨 한 수레 분량이, 이런 방법에 의해서 1압부다 지옥보다 더 빨리 줄어들고 그리고 완전히 없어질 것이다.

말하자면 20압부다 지옥은 1니랍부다 지옥이고, 20니랍부다 지옥은 1아바바 지옥이고, 20아바바 지옥은 1아하하 지옥이고, 20아하하 지옥은 1아따다 지옥이고, 20아따다 지옥은 1꾸무다 지옥이고, 20꾸무다 지옥은 1소간디까 지옥이고, 20소간디까 지옥은 1웁빠라까 지옥이고, 20웁빠라까 지옥은 1뿐다리까 지옥이고, 20뿐다리까 지옥은 1빠두마 지옥이다.

비구 꼬깔리야는 사리뿟따와 목갈라나를 증오하는 마음

을 품었기 때문에 빠두마 지옥에 다시 태어났다."

부처님은 이처럼 말씀하셨다. 이처럼 말씀하시고 바른 길로 잘 가신 분, 스승께서는 더 말씀하셨다.

657

참으로 사람이 태어날 때 입안에 도끼가 생긴다. 어리석은 자는 나쁜 말을 하여 그것으로 자신을 찍는다.

658

비난할 만한 사람은 칭찬하고 칭찬할 만한 사람은 비난하는 사람은, 입으로 불운을 쌓는다. 불운으로 말미암아 그는 행복을 얻지 못한다.

659

주사위로 재물을 잃음은, 심지어 자기 자신과 함께 전 재산이라 하더라도 이 불운은 오히려 작은 것이다. 바른 길로 잘 가신 분[94]에 대하여 악의를 품는다면 이것은 더 큰 불운이다.

660

악한 말과 악한 마음을 의도하여 거룩한 분을 비난하는 사람은 10만 36니랍부다와 5압부다의 지옥을 겪는다.

661

거짓말하는 자는 지옥으로 간다. 또한 했으면서 '나는 하지 않았다.'고 하는 자도 마찬가지다. 그들 둘 다 저열한 행동의 인간들이라 죽은 후 저 세상에서 똑같이 된다.

662

청정하고, 허물이 없고, 악의가 없는 사람에게 악의를 품는 사람은, 바람을 거슬러 던진 미세한 먼지처럼 악은 그 어리석은 자에게 되돌아간다.

663

갖가지 탐욕에 빠져서 믿음도 없고, 비열하고, 인색하고, 시기하고, 중상에 몰두하는 사람은 말로써 다른 사람을 욕하는 것이다.

664

입이 험하고, 진실치 못하고, 천하고, 산 것을 죽이고, 악행을 하는 자, 죄를 짓는 자, 천한 사람, 사악하고, 천한 태생, 이 세상에서 말을 많이 하지 말라. 그대는 지옥에 떨어질 운명이다.

665

그대는 (자신의) 해로움을 위해 먼지를 뿌린다. 그릇 행하는 자, 그대는 선한 사람을 비난한다. 온갖 나쁜 짓을 하고 나서 그대는 오랜 세월 동안 (지옥의) 구렁에 빠진다.

666
어떤 누구의 행위도 사라지지 않는다. 참으로 그것은 되돌아온다. 주인이 그것을 받는다. 잘못 행하는 자, 어리석은 자는 저 세상에서 자신에 대한 괴로움을 본다.[95]

3장 11

날라까의 경[96]

Nālaka-sutta [날라까 숫따]

679

아시따 선인[97]은 한낮의 휴식처에서 깨끗한 옷을 입은 30명
의 신들이 기뻐하고 즐거워하며, 웃옷을 들고 (흔들며) 인드
라 신을 존경을 다하여 극구 찬탄하는 것을 보았다.

680

마음으로 기뻐하고 즐거워하는 신들을 보고서 존경을 표하
면서 물었다.
"왜 신들의 무리가 매우 기뻐하고 있습니까? 왜 그들은 옷
을 들고 흔들고 있습니까?

681

아수라와의 전쟁이 있었을 때 신들이 이기고 아수라가 졌다

하더라도, 그와 같이 열광적으로 환희하지는 않았을 터인데, 무슨 경이로움을 보고서 신들이 그렇게 기뻐하는 것입니까?

682

그들은 소리치고, 노래하고, 악기를 연주하고, 손뼉을 치고, 춤을 춥니다. 수메루 산의 꼭대기에 살고 있는 당신들에게 묻습니다. 저의 의혹을 어서 빨리 풀어 주십시오."

683

"비교할 수 없는 빼어난 보배인 저 보디삿따[98]는 사꺄 마을의 룸비니 동산에서, 사람들의 이익과 행복을 위해 인간의 세상에 태어났습니다. 그래서 우리들은 매우 기뻐하는 것입니다.

684

그는 모든 생류 가운데 최상이신 분, 빼어난 분, 사람 가운데 황소,[99] 모든 사람 가운데 위없는 분이 동물의 왕인 힘이 강한 사자처럼 포효하며, 선인이라 불리는 숲에서 수레바퀴를 굴릴 것입니다."

685

그 소리를 듣고 그는 서둘러 하강하였다. 그리고 숫도다나(왕)의 궁전으로 갔다. 자리에 앉아서 사꺄 족에게 이렇게 말하였다.

"어린 왕자는 어디에 있습니까? 저도 또한 뵙고 싶습니다."

686

그래서 사꺄 족들은 매우 능숙한 대장장이에 의하여 바로 화덕에서 정련된, 빛나는 황금 같은 완벽한 (피부) 색깔을 가진, 아름다움으로 반짝이는 어린 왕자 아기를 아시따라고 부르는 선인에게 보였다.

687

가을에 구름 한 점 없는 빛나는 태양처럼, 하늘을 가로지르는 별들의 왕자처럼 맑은, 불꽃처럼 밝게 빛나는 어린 왕자를 보고 그는 환희로 가득 차 커다란 기쁨을 얻었다.

688

신들은 수많은 (보개)[100] 대와 1,000개의 둥근 테를 가진 보개를 공중에 잡고 있었다. 황금 자루가 달린 야크 꼬리로 된 총채를 아래위로 흔들었다. 그러나 총채나 보개를 잡고 있는 자는 보이지 않았다.

689

긴 타래 머리를 한 깐하시리라고 불리는 성자는, 머리 위에 하얀 보개를 가리고, 분홍 모포에 (싸인) 황금 패물 같은

(아기를) 보고서 즐거운 마음으로, 기뻐서 아기를 안았다.

690

그리고 베다와 상호에 완전히 통달한 사람은, 사꺄 족의 황소를 안고서, 열망에 차서 기쁜 마음으로 '이 (아기는) 위없는 분, 인간 가운데 가장 뛰어났습니다.'라고 환성을 질렀다.

691

그리고 자신의 (머지않은 세상) 떠남을 생각하고는 기쁘지 않아서 눈물을 흘렸다. 성자가 우는 것을 보고 사꺄 족들은 말하였다.

"우리 왕자에게 장애라도 있습니까?"

692

사꺄 족들이 침울한 것을 보고 성자는 말했다. "어린 왕자에게 어떤 해로운 것도 없고 또한 장애도 장차 없을 것입니다. 이분은 열등하지 않으니 걱정하지 마십시오.

693

그는 최상의 깨달음을 얻을 것입니다. 최상의 청정을 보고 많은 사람들의 이익을 위해, 자비로써 가르침의 바퀴를 굴릴 것입니다. 그의 청정한 삶은 널리 퍼질 것입니다.

694

이 세상에 나의 목숨은 얼마 남지 않았습니다. 그사이에 나에게는 죽음이 올 것입니다. 견줄 바 없는 힘을 지닌 분의 가르침을 듣지 못할 것이니, 그래서 나는 너무나 불행하여 슬퍼하는 것입니다."

695

사꺄 족들에게 큰 기쁨을 주고 청정한 삶을 사는 분은 궁성에서 나왔다. 그는 자신의 조카를 측은해하면서 견줄 바 없는 힘을 지닌 분의 가르침을 따르도록 하였다.

696

"네가 다른 사람으로부터 '깨달은 분'이라는 소리와 '온전히 깨달음을 얻은 분이 진리의 길을 간다.'는 소리를 듣거든, 그때 그곳으로 가서 가르침을 묻고 그 존귀한 분 아래서 청정한 삶을 살아라."

697

미래의 최상의 청정함을 본, 그처럼 유익한 생각을 가진 분에 의해 가르침을 받고, 날아가는 많은 공덕을 쌓으며, 감각 기관을 지키고, 승리자를 애타게 기다리면서 살았다.

698

최상의 승리자가 수레바퀴를 굴린다는 소리를 듣고, 아시따라고 불리는 선인의 말이 실제로 이루어지자, 가서 인간 가운데 으뜸가는 성자를 보고 기뻐하며, 가장 빼어난 성자에게 '성자의 최상의 삶'에 대하여 여쭈었다.

699

"아시따의 이 말이
사실임을 알았습니다.
고따마시여,
모든 것의 피안에 도달하신 분께 여쭙니다.

700

집 없는 삶을 찾아 탁발의 삶을 추구하오니,
성자시여, '성자의 최상의 삶'에 대하여
여쭈오니 말씀해 주십시오."

701

부처님은 말씀하셨다.
"그대에게 '성자의 삶'에 대하여 말하리라.
그것은 행하기 어렵고, 도달하기 어렵다.
이제 그대에게 그것을 설명할 것이다.
(마음을) 굳게 하라! (마음을) 확고히 하라!

702

마을에서 욕설도 듣고, 공경도 받는다.
그러나 그대의 마음은 평정을 유지하여야 한다.
마음의 성냄으로부터 멀리하라.
교만이 없이 평온하게 유행하라.

703

숲에서 불의 화염처럼
여러 가지가 나타난다.
여인은 성자를 유혹한다.
그들이 그대를 유혹하게 하지 말라.

704

성행위를 삼가고,
온갖 감각적 쾌락을 버리고
식물이건 동물이건 살아 있는 존재에
집착하지도 말고, 적대하지도 말라.

705

'나는 그들과 같고,
그들은 나와 같다.'고
자신을 그들과 비교하여
죽이지도 말고, 죽이도록 하지도 말라.

706

일반 사람들이 거기에 집착하는
욕망과 탐욕을 버리고,
통찰력을 가진 사람은 (성자의) 길을 가라.
그리고 이 지옥의 그 너머로 가라.

707

배를 비우고, 음식을 절제하고,
적게 원하고, 탐욕이 없어야 한다.
갈애에서 벗어나면
욕망이 없어 평온하게 된다.

708

성자는 탁발을 하고 나서
숲으로 가서
(명상을 위해)
나무 아래 앉아야 한다.

709

명상에 전념하는 지혜로운 성자는
숲에서 즐거워야 한다.
스스로 기뻐하며 나무 아래서 명상을 하여라.

710

밤이 지나면 새벽에 (탁발을 위해) 마을로 가야 한다.
마을에서의 초청이나 공양하는 것을
너무 반겨서는 안 된다.

711

성자는 마을에 가서는
이 집 저 집 서둘러 다녀서는 안 된다.
음식을 구한다는 말을 끊어야 하고,
암시적인 말을 해서는 안 된다.

712

(무언가) 얻었다. 좋은 일이다.
(아무것도) 얻지 못했다. (그래도) 좋은 일이다.
이 두 가지 경우를 그처럼 생각하기 때문에,
그는 (평온하게 다시) 그 나무로 돌아간다.

713

손에 발우를 들고 탁발하는 그는,
벙어리는 아니지만 벙어리처럼 보일 것이다.
탁발 음식이 적다고 무시해서는 안 되며,
주는 사람을 경멸해서는 안 된다.

714

높고 낮은 여러 가지
(성자의) 길에 대하여 나는 말하였다.
거듭 피안에 이르지 못하며
단번에 이르지도 못한다.

715

해야 할 것도, 하지 말아야 할 것도 버리고,
(윤회의) 흐름을 끊어 버린 비구에게는 집착이 없다.
(그에게는) 번뇌가 없다.

716

그대에게 성자의 삶에 대하여 말하리라.
면도날처럼 (날카롭게) (마음을 집중)하라.
혀를 입천장에 붙이고,
배의 (호흡의 일어나고 사라짐에 마음을 집중하여)
자신을 다스려라.[101)

717

활기찬 마음을 지녀야 한다.
또한 많은 것을 생각해서는 안 된다.
번뇌 없이, 집착 없이,
청정한 삶을 궁극의 목표로 삼아라.

718
홀로 있음과 사문의 삶을 배워라.
홀로 있음은 지혜라고 이야기된다.
홀로 있음은 기쁨이 되리라.

719
그렇게 하면 온 천지에 빛나리라.
감각적 쾌락을 버린, 명상하는 사람,
지혜로운 사람이라는 소리를 듣고는,
나의 제자는 더욱더 겸손과 믿음을 닦아야 한다.

720
골짜기와 개울을 흐르는 물과
강물에 대하여 알아라.
작은 개울은 소리 내어 흐르지만
큰 강물은 소리 없이 흐른다.

721
모자라는 것은 소리를 내지만
가득 찬 것은 고요하다.
어리석은 사람은 물이 반만 찬 항아리 같고,
지혜로운 사람은 물이 가득 찬 호수와 같다.

722

사문이 의미를 갖춘 많은 말을 할 때
그는 알고서 담마를 가르친다.
그는 알고서 많은 말을 한다.

723

그러나 알고서도 자제하고,
알고서도 많은 말을 하지 않는다면
그런 성자는 성자의 삶을 누릴 만하고
그런 성자는 성자의 삶을 성취하였다."

3장 12
두 가지 관찰의 경

Dvayatanupassana-sutta [드와야따누빳사나 숫따]

이와 같이 나는 들었다. 한때 부처님은 사왓티의 동쪽 승원인, 미가라마뚜 강당에 계셨다. 그때 포살날인 15일, 보름날 밤에 부처님은 비구 승가에 둘러싸여 밖에 앉아 계셨다. 그때 부처님은 고요히 묵묵한 비구 승가 대중을 둘러보시고 말씀하셨다.

"비구들이여, 거룩하고, 윤회를 벗어남으로 이끌고, 온전한 깨달음으로 이끄는 어떤 훌륭한 가르침이 있든지, '이런 가르침들을 듣는 이유는 무엇입니까?'라고 묻는 사람이 있거든, 이처럼 대답해야 한다.

'두 가지 진리를 있는 그대로 알기 위해서입니다.'

'두 가지란 무엇을 말합니까?'

'이것은 괴로움입니다. 이것은 괴로움의 근원입니다.' 이것이 하나의 관찰이다.

'이것은 괴로움의 소멸입니다. 이것은 괴로움의 소멸에
이르는 길입니다.' 이것이 두 번째 관찰이다.

이처럼 두 가지를 바르게 관찰하여 깨어 있고, 열심하고,
굳건하게 머무는 비구에게는 두 가지 결실 중 어느 한 가지
결실이 기대된다. (즉) 이 세상 현상에 대한 지혜를 얻든가,
집착이 남아 있더라도, (이 세상) 다시 돌아오지 않는 자가
된다."

이것이 부처님께서 말씀하신 것이다. '바른 길로 잘 가신
분'은 이렇게 말씀하시고, 스승께서는 더 말씀하셨다.

724[102)]

"괴로움을 모르고, 괴로움의 근원을 모르고, 어디에서 괴로
움이 남김없이 소멸되는지, 그리고 괴로움의 소멸로 이끄는
길을 알지 못하는 사람들,

725

그들은 마음의 해탈이 부족하고, 그리고 지혜에 의한 해탈
도 부족하다. 그들은 (윤회를) 끝낼 수가 없다. 그들은 참으
로 태어남과 늙음을 겪는다.

726

그러나 괴로움을 알고, 괴로움의 근원을 알고, 어디에서 괴
로움이 남김없이 소멸되는지, 그리고 괴로움의 소멸에 이르

는 길을 아는 사람들,

727

그들은 마음의 해탈을 갖추고, 그리고 지혜에 의한 해탈도 갖추고 있다. 그들은 (윤회를) 끝낼 수가 있다. 그들은 태어남과 늙음을 겪지 않는다."

"비구들이여, '만일 다른 방법에 의해서 두 가지를 바르게 관찰할 수 있습니까?' 라고 묻는 사람이 있거든,

'할 수 있습니다.' 라고 대답해야 한다.

'어떻게 그럴 수 있습니까?'

'어떤 괴로움이 일어나더라도 그것은 모두 집착이 원인입니다.' 이것이 하나의 관찰이다.

'그렇지만 집착의 완전한 사라짐과 소멸로 인하여 괴로움이 일어나지 않습니다.' 이것이 두 번째 관찰이다.

이처럼 두 가지를 바르게 관찰하여 깨어 있고, 열심하고, 굳건하게 머무는 비구에게는 두 가지 결실 중 어느 한 가지 결실이 기대된다. (즉) 이 세상 현상에 대한 지혜를 얻든가, 집착이 남아 있더라도, (이 세상에) 다시 돌아오지 않는 자가 된다."

이것이 부처님께서 말씀하신 것이다. '바른 길로 잘 가신 분'은 이렇게 말씀하시고, 스승께서는 더 말씀하셨다.

728

"이 세상에 어떤 다양한 괴로움이 있든지 집착을 원인으로 생긴다. 참으로 어리석은 자는 알지 못하고 집착을 만든다. 그는 반복해서 괴로움을 겪는다. 그러므로 괴로움의 생성과 근원을 관찰하여 아는 사람은 집착을 만들지 말아야 한다."

"비구들이여, '만일 다른 방법에 의해서 두 가지를 바르게 관찰할 수 있습니까?'라고 묻는 사람이 있거든,

'할 수 있습니다.'라고 대답해야 한다.

'어떻게 그럴 수 있습니까?'

'어떤 괴로움이 일어나더라도 모두 그것은 어리석음 때문입니다.' 이것이 하나의 관찰이다.

'그렇지만 어리석음의 완전한 사라짐과 소멸로 인하여 괴로움이 일어나지 않습니다.' 이것이 두 번째 관찰이다.

이처럼 두 가지를 바르게 관찰하여 깨어 있고, 열심하고, 굳건하게 머무는 비구에게는 두 가지 결실 중 어느 한 가지 결실이 기대된다. (즉) 이 세상 현상에 대한 지혜를 얻든가, 집착이 남아 있더라도, (이 세상에) 다시 돌아오지 않는 자가 된다."

이것이 부처님께서 말씀하신 것이다. '바른 길로 잘 가신 분'은 이렇게 말씀하시고, 스승께서는 더 말씀하셨다.

729

"이 세상 존재에서 다른 형태의 존재로 반복해서 태어남과 죽음의 윤회를 가는 사람들, 그것은 오직 어리석음 때문이다.

730

이 어리석음은 커다란 우둔함이다. 이것으로 인하여 오랫동안 윤회하는 것이다. 그러나 지혜를 얻은 존재들은 또다시 태어나지 않게 된다."

"비구들이여, '만일 다른 방법에 의해서 두 가지를 바르게 관찰할 수 있습니까?'라고 묻는 사람이 있거든,

'할 수 있습니다.'라고 대답해야 한다.

'어떻게 그럴 수 있습니까?'

'어떤 괴로움이 일어나더라도 모두 그것은 형성 때문입니다.' 이것이 하나의 관찰이다.

'그렇지만 형성의 완전한 사라짐과 소멸로 인하여 괴로움이 일어나지 않습니다.' 이것이 두 번째 관찰이다.

이처럼 두 가지를 바르게 관찰하여 깨어 있고, 열심히고, 굳건하게 머무는 비구에게는 두 가지 결실 중 어느 한 가지 결실이 기대된다. (즉) 이 세상 현상에 대한 지혜를 얻든가, 집착이 남아 있더라도, (이 세상에) 다시 돌아오지 않는 자가 된다."

이것이 부처님께서 말씀하신 것이다. '바른 길로 잘 가신

분'은 이렇게 말씀하시고, 스승께서는 더 말씀하셨다.

731
"어떤 괴로움이 일어나든지 모두 '형성' 때문이다. 형성의 소멸에 의해 괴로움이 일어나지 않는다.

732
괴로움은 '형성'이 원인이므로 그 위험을 알고서 모든 형성의 고요함에 의해, 지각의 소멸에 의해, 이처럼 괴로움이 소멸한다. 이것을 있는 그대로 알고,

733
바르게 보는 최상의 지혜를 얻은 사람들, 그리고 바른 앎이 있는 지혜로운 사람들은 악마의 속박에서 벗어나 또다시 존재를 받지 않는다."

"비구들이여, '만일 다른 방법에 의해서 두 가지를 바르게 관찰할 수 있습니까?'라고 묻는 사람이 있거든,

'할 수 있습니다.'라고 대답해야 한다.

'어떻게 그럴 수 있습니까?'

'어떤 괴로움이 일어나더라도 모두 그것은 의식 때문입니다.' 이것이 하나의 관찰이다.

'그렇지만 의식의 완전한 사라짐과 소멸로 인하여 괴로움

3장 큰 장 • 259

이 일어나지 않습니다.' 이것이 두 번째 관찰이다.

이처럼 두 가지를 바르게 관찰하여 깨어 있고, 열심히고, 굳건하게 머무는 비구에게는 두 가지 결실 중 어느 한 가지 결실이 기대된다. (즉) 이 세상 현상에 대한 지혜를 얻든가, 집착이 남아 있더라도, (이 세상에) 다시 돌아오지 않는 자가 된다."

이것이 부처님께서 말씀하신 것이다. '바른 길로 잘 가신 분'은 이렇게 말씀하시고, 스승께서는 더 말씀하셨다.

734
"어떤 괴로움이 일어나든지 모두 '의식'이 원인이다. '의식'의 소멸에 의해 괴로움이 일어나지 않는다.

735
괴로움은 '의식'이 원인이므로 그 위험을 알고서 '의식'을 고요히 함에 의해서 비구는 갈애 없이 번뇌가 완전히 소멸한다."

"비구들이여, '만일 다른 방법에 의해서 두 가지를 바르게 관찰할 수 있습니까?'라고 묻는 사람이 있거든,

'할 수 있습니다.'라고 대답해야 한다.

'어떻게 그럴 수 있습니까?'

'어떤 괴로움이 일어나더라도 모두 그것은 접촉 때문입니

다.' 이것이 하나의 관찰이다.

'그렇지만 접촉의 완전한 사라짐과 소멸로 인하여 괴로움이 일어나지 않습니다.' 이것이 두 번째 관찰이다.

이처럼 두 가지를 바르게 관찰하여 깨어 있고, 열심히고, 굳건하게 머무는 비구에게는 두 가지 결실 중 어느 한 가지 결실이 기대된다. (즉) 이 세상 현상에 대한 지혜를 얻든가, 집착이 남아 있더라도, (이 세상에) 다시 돌아오지 않는 자가 된다."

이것이 부처님께서 말씀하신 것이다. '바른 길로 잘 가신 분'은 이렇게 말씀하시고, 스승께서는 더 말씀하셨다.

736
"존재의 흐름을 따르는, 나쁜 길에 들어선, '접촉'에 의해 정복된 사람들에게는 속박의 부숨은 거리가 멀다.

737
그러나 '접촉'을 두루 잘 알아, 그것을 알기 때문에 그 소멸을 기뻐하는 사람들은, 그들은 참으로 '접촉'의 소멸에 의해 갈애에서 벗어나 온전히 평온하게 된다."

"비구들이여, '만일 다른 방법에 의해서 두 가지를 바르게 관찰할 수 있습니까?'라고 묻는 사람이 있거든,

'할 수 있습니다.'라고 대답해야 한다.

'어떻게 그럴 수 있습니까?'

'어떤 괴로움이 일어나더라도 모두 그것은 느낌 때문입니다.' 이것이 하나의 관찰이다.

'그렇지만 느낌의 완전한 사라짐과 소멸로 인하여 괴로움이 일어나지 않습니다.' 이것이 두 번째 관찰이다.

이처럼 두 가지를 바르게 관찰하여 깨어 있고, 열심하고, 굳건하게 머무는 비구에게는 두 가지 결실 중 어느 한 가지 결실이 기대된다. (즉) 이 세상 현상에 대한 지혜를 얻든가, 집착이 남아 있더라도, (이 세상에) 다시 돌아오지 않는 자가 된다."

이것이 부처님께서 말씀하신 것이다. '바른 길로 잘 가신 분'은 이렇게 말씀하시고, 스승께서는 더 말씀하셨다.

738

"행복이든 또는 괴로움이든, 괴로움도 아니고 또는 행복도 아니든, 안으로 그리고 밖으로 느껴진 것은 무엇이나,

739

이것은 '괴로움'이라고 알고서, 부서지고 마는 허망한 것을 느낄 때마다 그것의 허물어짐을 보고, 이처럼 거기에 집착하지 않는다. '느낌'의 소멸로 인하여 비구는 갈애 없이 온전히 평온하게 된다."

"비구들이여, '만일 다른 방법에 의해서 두 가지를 바르게 관찰할 수 있습니까?'라고 묻는 사람이 있거든,

'할 수 있습니다.'라고 대답해야 한다.

'어떻게 그럴 수 있습니까?'

'어떤 괴로움이 일어나더라도 모두 그것은 갈애 때문입니다.' 이것이 하나의 관찰이다.

'그렇지만 갈애의 완전한 사라짐과 소멸로 인하여 괴로움이 일어나지 않습니다.' 이것이 두 번째 관찰이다.

이처럼 두 가지를 바르게 관찰하여 깨어 있고, 열심하고, 굳건하게 머무는 비구에게는 두 가지 결실 중 어느 한 가지 결실이 기대된다. (즉) 이 세상 현상에 대한 지혜를 얻든가, 집착이 남아 있더라도, (이 세상에) 다시 돌아오지 않는 자가 된다."

이것이 부처님께서 말씀하신 것이다. '바른 길로 잘 가신 분'은 이렇게 말씀하시고, 스승께서는 더 말씀하셨다.

740
"'갈애'를 벗 삼는 사람은 이 세상의 존재에서 또 다른 존재로 오랜 세월 동안 윤회하며 윤회를 벗어나지 못한다.

741
괴로움의 근원은 '갈애'이기 때문에 이 위험을 알고서, 비구는 갈애 없이, 집착 없이 마음을 집중하고 유행해야 한다."

"비구들이여, '만일 다른 방법에 의해서 두 가지를 바르게 관찰할 수 있습니까?' 라고 묻는 사람이 있거든,

'할 수 있습니다.' 라고 대답해야 한다.

'어떻게 그럴 수 있습니까?'

'어떤 괴로움이 일어나더라도 모두 그것은 집착이 원인입니다.' 이것이 하나의 관찰이다.

'그렇지만 집착의 완전한 사라짐과 소멸로 인하여 괴로움이 일어나지 않습니다.' 이것이 두 번째 관찰이다.

이처럼 두 가지를 바르게 관찰하여 깨어 있고, 열심히고, 굳건하게 머무는 비구에게는 두 가지 결실 중 어느 한 가지 결실이 기대된다. (즉) 이 세상 현상에 대한 지혜를 얻든가, 집착이 남아 있더라도, (이 세상에) 다시 돌아오지 않는 자가 된다."

이것이 부처님께서 말씀하신 것이다. '바른 길로 잘 가신 분'은 이렇게 말씀하시고, 스승께서는 더 말씀하셨다.

742

"집착으로 인하여 존재가 있다. 태어난 존재는 괴로움을 겪는다. 태어난 사람에게는 죽음이 있다. 그것이 괴로움의 일어남이다.

743

그러므로 바른 지혜를 가진 현자는 '집착'의 소멸로부터 태

어남의 부숨을 잘 알아, 또다시 존재를 받지 않는다."

"비구들이여, '만일 다른 방법에 의해서 두 가지를 바르게 관찰할 수 있습니까?'라고 묻는 사람이 있거든,

'할 수 있습니다.'라고 대답해야 한다.

'어떻게 그럴 수 있습니까?'

'어떤 괴로움이 일어나더라도 모두 그것은 (지나친) 노력 때문입니다.' 이것이 하나의 관찰이다.

'그렇지만 (지나친) 노력의 완전한 사라짐과 소멸로 인하여 괴로움이 일어나지 않습니다.' 이것이 두 번째 관찰이다.

이처럼 두 가지를 바르게 관찰하여 깨어 있고, 열심하고, 굳건하게 머무는 비구에게는 두 가지 결실 중 어느 한 가지 결실이 기대된다. (즉) 이 세상 현상에 대한 지혜를 얻든가, 집착이 남아 있더라도, (이 세상에) 다시 돌아오지 않는 자가 된다."

이것이 부처님께서 말씀하신 것이다. '바른 길로 잘 가신 분'은 이렇게 말씀하시고, 스승께서는 더 말씀하셨다.

744

"어떤 괴로움이 일어나든지 모두 '(지나친) 노력' 때문이다.
'(지나친) 노력'의 소멸에 의해 괴로움의 일어남이 없다.

745

괴로움은 '(지나친) 노력' 때문이라는 이 위험을 알고서, 모든 '(지나친) 노력'을 버리고, '(지나친) 노력'이 없는 비구에게는,

746

그의 존재에 대한 갈애는 끊어졌고, 고요한 마음으로 윤회를 벗어나 더 이상 거듭된 존재가 없다."

"비구들이여, '만일 다른 방법에 의해서 두 가지를 바르게 관찰할 수 있습니까?'라고 묻는 사람이 있거든,

'할 수 있습니다.'라고 대답해야 한다.

'어떻게 그럴 수 있습니까?'

'어떤 괴로움이 일어나더라도 모두 그것은 (집착의) 영양소 때문입니다.' 이것이 하나의 관찰이다.

'그렇지만 (집착의) 영양소의 완전한 사라짐과 소멸로 인하여 괴로움이 일어나지 않습니다.' 이것이 두 번째 관찰이다.

이처럼 두 가지를 바르게 관찰하여 깨어 있고, 열심하고, 굳건하게 머무는 비구에게는 두 가지 결실 중 어느 한 가지 결실이 기대된다. (즉) 이 세상 현상에 대한 지혜를 얻든가, 집착이 남아 있더라도, (이 세상에) 다시 돌아오지 않는 자가 된다."

이것이 부처님께서 말씀하신 것이다. '바른 길로 잘 가신 분'은 이렇게 말씀하시고, 스승께서는 더 말씀하셨다.

747
"어떤 괴로움이 일어나든지 모두 '(집착의) 영양소' 때문이다. (집착의) 영양소의 소멸에 의해 괴로움의 일어남이 없다.

748
괴로움은 '(집착의) 영양소' 때문이라는 이 위험을 알고서, 모든 (집착의) 영양소를 두루 알아 모든 '(집착의) 영양소'에 기대지 않고,

749
(몸과 마음이) 건강한 것은 번뇌의 부숨으로부터 온다는 것을 바르게 알고서, 성찰하고, 담마에 굳건히 서서, 최상의 지혜를 얻은 사람은 헤아림의 그 너머에 있다."

"비구들이여, '만일 다른 방법에 의해서 두 가지를 바르게 관찰할 수 있습니까?'라고 묻는 사람이 있거든,
   '할 수 있습니다.'라고 대답해야 한다.
   '어떻게 그럴 수 있습니까?'
   '어떤 괴로움이 일어나더라도 모두 그것은 (마음의) 산란 때문입니다.' 이것이 하나의 관찰이다.

'그렇지만 (마음의) 산란의 완전한 사라짐과 소멸로 인하여 괴로움이 일어나지 않습니다.' 이것이 두 번째 관찰이다.

이처럼 두 가지를 바르게 관찰하여 깨어 있고, 열심하고, 굳건하게 머무는 비구에게는 두 가지 결실 중 어느 한 가지 결실이 기대된다. (즉) 이 세상 현상에 대한 지혜를 얻든가, 집착이 남아 있더라도, (이 세상에) 다시 돌아오지 않는 자가 된다."

이것이 부처님께서 말씀하신 것이다. '바른 길로 잘 가신 분'은 이렇게 말씀하시고, 스승께서는 더 말씀하셨다.

750

"어떤 괴로움이 일어나든지 모두 '(마음의) 산란' 때문이다. '(마음의) 산란'의 소멸에 의해 괴로움의 일어남이 없다.

751

괴로움은 '(마음의) 산란' 때문이라는 이 위험을 알고서, 그러므로 '(마음의) 산란'을 버리고, 업의 쌓음을 멈추고, (마음의) 산란 없이, 집착 없이, 마음을 집중하여 유행하라."

"비구들이여, 만일 '다른 방법에 의하여 두 가지를 바르게 관찰할 수 있습니까?'라고 묻는 사람이 있거든,

'할 수 있습니다.'라고 대답해야 한다.

'어떻게 그럴 수 있습니까?'

'의지하는 사람에게는 (마음의) 동요가 있습니다.' 이것
이 하나의 관찰이다.

'의지하지 않는 사람은 (마음이) 동요하지 않습니다.' 이
것이 두 번째 관찰이다.

이처럼 두 가지를 바르게 관찰하여 깨어 있고, 열심하고,
굳건하게 머무는 비구에게는 두 가지 결실 중 어느 한 가지
결실이 기대된다. (즉) 이 세상 현상에 대한 지혜를 얻든가,
집착이 남아 있더라도, (이 세상에) 다시 돌아오지 않는 자
가 된다.”

이것이 부처님께서 말씀하신 것이다. '바른 길로 잘 가신
분'은 이렇게 말씀하시고, 스승께서는 더 말씀하셨다.

752
“의지하지 않는 사람은 ‘(마음의) 동요’가 없다. 그러나 의
지하는 사람은 이 세상의 존재에서 또 다른 존재에 집착하
여 윤회를 벗어나지 못한다.

753
'의지함 속에 큰 두려움이 있다.'는 이 위험을 알고서 비구
는 ‘의지’하지 않고, 집착 없이, 마음을 집중하여 유행하라.”

“비구들이여, ‘만일 다른 방법에 의해서 두 가지를 바르게
관찰할 수 있습니까?' 라고 묻는 사람이 있거든,

'할 수 있습니다.'라고 대답해야 한다.

'어떻게 그럴 수 있습니까?'

'비구들이여, 형태 없는 것들이 형태 있는 것보다 더 고요합니다.' 이것이 하나의 관찰이다.

'소멸은 형태 없는 것보다 더 고요합니다.' 이것이 두 번째 관찰이다.

이처럼 두 가지를 바르게 관찰하여 깨어 있고, 열심하고, 굳건하게 머무는 비구에게는 두 가지 결실 중 어느 한 가지 결실이 기대된다. (즉) 이 세상 현상에 대한 지혜를 얻든가, 집착이 남아 있더라도, (이 세상에) 다시 돌아오지 않는 자가 된다."

이것이 부처님께서 말씀하신 것이다. '바른 길로 잘 가신 분'은 이렇게 말씀하시고, 스승께서는 더 말씀하셨다.

754

"'형태'를 가지고 사는 존재들과, '형태 없는' 영역에 사는 존재들은 소멸을 모르기 때문에 다시 존재로 오게 된다.

755

그러나 '형태'의 (영역을) 잘 알고, '형태 없는' (영역)에도 안주하지 않고, 소멸로 완전히 해탈한 사람들은 죽음을 벗어난 자들이다."

"비구들이여, '만일 다른 방법에 의해서 두 가지를 바르게 관찰할 수 있습니까?'라고 묻는 사람이 있거든,

'할 수 있습니다.'라고 대답해야 한다.

'어떻게 그럴 수 있습니까?'

'비구들이여, 데와 신과 악마의 세계에 의해, 사문과 브라흐민, 신들과 인간을 포함한 존재들에 의해 '이것은 진리이다.'라고 생각한 것을, 거룩한 분들은 바른 지혜에 의하여 '이것은 허망하다.'라고 사실대로 봅니다.' 이것이 하나의 관찰이다.

'데와 신과 악마의 세계에 의해, 사문과 브라흐민, 신들과 인간을 포함한 존재들에 의해 '이것은 허망하다.'라고 생각한 것을, 거룩한 분들은 바른 지혜에 의하여 '이것은 진리이다.'라고 사실대로 봅니다.' 이것이 두 번째 관찰이다.

이처럼 두 가지를 바르게 관찰하여 깨어 있고, 열심하고, 굳건하게 머무는 비구에게는 두 가지 결실 중 어느 한 가지 결실이 기대된다. (즉) 이 세상 현상에 대한 지혜를 얻든가, 집착이 남아 있더라도, (이 세상에) 다시 돌아오지 않는 자가 된다."

이것이 부처님께서 말씀하신 것이다. '바른 길로 잘 가신 분'은 이렇게 말씀하시고, 스승께서는 더 말씀하셨다.

756

"보라, 신들을 포함한 세상 사람들은 내가 아닌 것을 나라고

생각하여 '몸과 마음'에 집착되어 있다. '이것이야말로 진리'라고 생각한다.

757
어떤 식으로 그들이 생각하든지, 그것은 생각과는 다르다. 참으로 그것은 허망한 것이다. 변하는 것은 허망한 것이다.

758
그러나 열반은 허망한 것이 아니다. 거룩한 분들은 그것을 진실로 안다. 그들은 진리를 선명하게 이해하기 때문에 갈애 없이 온전히 평온하다."

"비구들이여, '만일 다른 방법에 의해서 두 가지를 바르게 관찰할 수 있습니까?'라고 묻는 사람이 있거든,

  '할 수 있습니다.'라고 대답해야 한다.

  '어떻게 그럴 수 있습니까?'

  '비구들이여, 데와 신과 악마의 세계에 의해, 사문과 브라흐민, 신들과 인간을 포함한 존재들에 의해 '이것은 행복이다.'라고 생각한 것을, 거룩한 분들은 바른 지혜에 의하여 '이것은 괴로움이다.'라고 사실대로 봅니다.' 이것이 하나의 관찰이다.

  '데와 신과 악마의 세계에 의해, 사문과 브라흐민, 신들과 인간을 포함한 존재들에 의해 '이것은 괴로움이다.'라고 생

각한 것을, 거룩한 분들은 바른 지혜에 의하여 '이것은 행복
이다.'라고 사실대로 봅니다.' 이것이 두 번째 관찰이다.

이처럼 두 가지를 바르게 관찰하여 깨어 있고, 열심하고,
굳건하게 머무는 비구에게는 두 가지 결실 중 어느 한 가지
결실이 기대된다. (즉) 이 세상 현상에 대한 지혜를 얻든가,
집착이 남아 있더라도, (이 세상에) 다시 돌아오지 않는 자
가 된다."

이것이 부처님께서 말씀하신 것이다. '바른 길로 잘 가신
분'은 이렇게 말씀하시고, 스승께서는 더 말씀하셨다.

759

"모양, 소리, 맛, 냄새, 감촉, 모든 현상들은 '이것들이 존재
한다.'고 말하는 한, 모두 기분 좋고, 사랑스럽고, 유쾌하다.

760

신들을 포함한 세상에서 이것들을[103] '즐거움'이라고 생각한
다. 그러나 이것들이 허물어질 때 그것을 '괴로움'이라고 생
각한다.

761

거룩한 분들에 의하여 '존재하는 몸'의 소멸은 '행복'이라고
여겨진다. 바르게 보는 사람들의 생각은 세상 사람들의 생
각과는 정반대이다.

762

다른 사람들이 '행복'이라고 말하는 것을 거룩한 분들은 '괴로움'이라고 말한다. 다른 사람들이 '괴로움'이라고 말하는 것을 거룩한 분들은 '행복'이라고 안다. 깨닫기 어려운 진리를 보라. 어리석은 사람들은 여기서 헤맨다.

763

덮여 있는 사람에게는 어둠이 있다. 보지 못하는 사람에게는 암흑이 있다. 그러나 보는, 선한 사람에게는 빛처럼 덮여 있지 않다. 가르침을 잘 알지 못하는 어리석은 자는 앞에 있어도 그것을 알지 못한다.

764

존재에 대한 욕망에 사로잡히고, 존재의 흐름을 따르고, 악마의 영토에 들어간 자들에게는 이 가르침은 이해하기 쉽지 않다.

765

거룩한 분을 제외하고 누가 이 경지를 깨달을 수 있을까? 이 경지를 바르게 알면 번뇌 없이 열반에 든다."

이처럼 부처님은 말씀하셨다. 비구들은 환희심으로 부처님의 말씀에 기뻐하였다. 이 설법이 설해졌을 때 60명[104]의 비구들의 마음은 집착 없이 번뇌에서 벗어났다.

4장

여덟의 장

Aṭṭhaka-vagga
[앗타까 왁가]

산찌 탑은 기원전 250년경 아소까 왕이 건축한 석조로 된 가장 아름다운 부처님 사리탑이다. 기원전 2세기 간다라에서 불상이 처음 만들어지기 전에 인도에서는 감히 부처님 모습을 조각하지 못하고, 불상 대신 부처님 가르침의 상징인 법륜이나 깨달음을 얻은 보리수나무, 불교 상징인 연꽃, 부처님 발자국 등을 조각하여 예경하였다. 법륜은 '부처님은 바라나시의 사슴동산에서 다섯 명의 비구들에게 가장 처음으로 가르침의 바퀴를 굴리셨다.'(상윳따 니까야 56:11)는 불교 역사의 가장 중요한 순간을 나타내고 있다. 가르침을 수레바퀴로 표현한 것은 부처님의 가르침이 끊이지 않고 퍼져나감을 상징한다.

4장 1

감각적 쾌락에 대한 경

Kāma-sutta [까마 숫따]

766

만일 감각적 쾌락을 원하는 사람이 그것을 이루면, 그는 원하는 것을 얻어서 마음이 기쁘다.

767

감각적 쾌락을 원하는 사람에게 감각적 쾌락이 이루어지지 않으면, 그는 화살 맞은 사람처럼 괴로워한다.

768

발로 뱀의 머리를 밟지 않는 것처럼 감각적 쾌락을 피하는 사람은, 그는 마음을 집중하고 세상의 집착 그 너머로 간다.

769

토지, 재산, 금, 소와 말, 하인, 여자, 친척, 다양한 감각적
쾌락을 탐내는 사람은,

770

약한 것이 그를 눌러 버린다. 위험이 그를 부순다. 그러면
괴로움이 그를 따른다, 부서진 배에 물이 스며들듯이.

771

그러므로 항상 마음을 집중하고 감각적 쾌락을 피하라. 그
것들을 버리고 (윤회의) 홍수를 건너라. 배의 물을 퍼내고
저 언덕에 도달한 사람처럼.

4장 2

동굴에 대한 여덟 게송의 경

Guhaṭṭhaka-sutta[구핫타까 숫따]

772

온갖 (더러운 것으로) 덮여 있는 (몸의) 동굴에 집착하여 머물고, (쾌락의) 유혹에 빠져 있는 사람, 그런 사람은 홀로 떨어짐과는 거리가 멀다. 세상에서 참으로 감각적 쾌락은 버리기 어렵다.

773

욕망에 기인한 존재의 즐거움에 묶인 사람들, 과거나 또는 미래를 갈망하며, 이들 현재나 또는 과거의 감각적 쾌락을 갈망하기 때문에 이들은 해탈하기 어렵다. 다른 사람에 의해 해탈될 수도 없다.

774

감각적 쾌락에 탐닉하고, 열중하고, 빠지고, 인색한 사람들,
그들은 그릇된 길에 들어섰기 때문에 '여기서 죽으면 우리
는 어떻게 될까?' 하고 괴로움에 이끌려 슬퍼한다.

775

그러므로 사람은 바로 여기에서 자신을 수련하여야 한다.
이 세상에서 옳지 못하다고 알고 있는 어떤 것이든지 그것
을 위해 잘못 행동하지 말라. 참으로 지혜로운 이는 목숨은
짧다고 말한다.

776

나는 존재에 대한 갈애에 사로잡혀 이 세상에서 떨고 있는
인간들을 본다. 저열한 사람들은 다양한 존재에 대한 갈애
를 버리지 못하고 죽음의 입구에서 울고 있다.

777

내 것이라고 집착하는 허우적거리는 그들을 보라. 물이 적
은 말라 가는 개울의 물고기와 같다. 이것을 보고 내 것을
버리고, 존재에 대한 집착을 만들지 말고 유행하라.

778

양극단에 대한 갈망을 버리고, 접촉을 두루 알고, 탐내지 않

으며, 자기 자신조차 책망할 만한 짓을 하지 않고, 지혜로운 사람은 본 것 들은 것에 더럽혀지지 않는다.

779

지각을 두루 알고 홍수를 건너라. 성자는 소유에 의해 더러워지지 않으며, (번뇌의) 화살을 뽑고 주의 깊게 유행하고, 이 세상도 저 세상도 바라지 않는다.

4장 3
사악한 생각에 대한 여덟 게송의 경

Duṭṭhaṭṭhaka-sutta [둣탓타까 숫따]

780

어떤 사악한 마음을 가진 사람들은 참으로 (남을) 비방한다.
또한 진실한 마음을 가진 사람들이라도 (남을) 비방하기도
한다. 그러나 성자는 일어난 (어떤) 비방에도 휩쓸리지 않는
다. 그러므로 성자는 어떤 것에도 장애가 없다.

781

욕망에 따라 이끌리고 좋아하는 것에 안주한다면, 어떻게
자신의 견해를 뛰어넘을 수 있을까? 그는 스스로 완전하다
고 생각한 것에 따라 행동하면서 마치 아는 것처럼 말할 것
이다.

782

묻지도 않았는데 다른 사람에게 자신의 계행과 계율을 말하고, 스스로 자신에 대하여 말한다면, 선한 분들은 그를 천한 성품을 가졌다고 말한다.

783

그러나 평온하고 완전히 고요해진 비구가 '나는 이러하다.'라고 계행에 대하여 자랑하지 않고, 이 세상 어디에 있더라도 교만이 없으면, 선한 분들은 그를 고귀한 성품을 가졌다고 말한다.

784

청정치 못한 교리를 만들고, 형성하고, 선호할 때에 그는 자신 안에서 이득을 본다. (그러나) 그는 불안정한 평안에 기대고 있는 것이다.

785

(그릇된) 견해에 대한 집착은 극복하기 어렵다. (그것은) 잘 살핀 후에 여러 교리 가운데에서 취하게 되는 것이다. 그래서 사람은 이런 (견해의) 집착들 가운데에서 교리를 취하기도 하고 버리기도 한다.

786

청정한 사람은 이 세상 다양한 존재들에 대하여 어디에서든 (그릇된) 견해가 없다. 청정한 사람은 거짓과 교만을 버렸거늘, 어찌 윤회의 길로 가겠는가? 그는 집착이 없다.

787

집착하는 사람은 교리에서 논쟁을 겪는다. (그러나) 집착하지 않는 사람은 어떻게 논쟁할 수 있으랴. 그는 취할 것도 버릴 것도 아무것도 없다. 그는 이 세상에서 모든 견해를 떨쳐 버렸다.

4장 4

청정한 것에 대한 여덟 게송의 경

Suddhaṭṭhaka-sutta [숫닷타까 숫따]

788

(어떤 사람은 생각하기를) '병이 없는 청정한 사람을 나는 본다. 청정은 본 것에서 온다.'라고 알고 이것을 으뜸으로 여기고, 지식이야말로 청정을 본다고 생각한다.

789

(그러나) 청정함이 본 것에 의해 사람에게 온다면, 또는 지식에 의해 괴로움을 버릴 수 있다면, 태어남에 대한 집착을 갖고 있는 사람도 (바른 길이 아닌) 다른 길로도 청정해진다. 견해는 그가 말한 것처럼 그를 드러내기 때문이다.

790

거룩한 분은 청정함은 어떤 다른 것으로부터 온다고 말하지

않는다. 또는 본 것, 들은 것, 계율과 계행 또는 생각 속에
있다고도 말하지 않는다. 그는 공덕과 악행에 더럽혀지지
않고, 움켜쥔 것을 버리고 이 세상에서 (업을) 짓지 않는다.

791

갈애의 영향 아래 있는 사람들은 집착을 건너지 못한다. 그
들은 먼저 것을 버리고 다른 것에 의존한다. 마치 가지를 붙
잡았다가 놓아 버리는 원숭이처럼, 그들은 (계속해서) 붙잡
았다가 놓아 버린다.

792

지각에 집착하여 스스로 서원을 하고 여러 다양한 곳으로
간다. 그러나 큰 지혜를 가진 사람은 지혜에 의해 담마를 이
해하고, 여러 다양한 곳으로 가지 않는다.[105]

793

그는 보고, 듣고, 생각한 것이 무엇이든지 모든 것들과 관계
를 맺지 않는다. 이 세상에서 어떤 누가 그런 통찰과 열린
행동을 가진 그를 판단할 수 있겠는가?

794

그들은 (이론을) 만들지 않고, 선호하지도 않고, '이것이야
말로 절대적인 청정'이라고 말하지도 않는다. 묶인 집착의

굴레를 벗어나 이 세상에서 어떤 것에 대해서도 갈망을 만들지 않는다.

795

거룩한 분은 경계를 뛰어넘어 알고 또는 보고 그것에 집착하지 않는다. 그는 욕망에도 탐착하지 않고, 욕망을 떠났다는 것에도 탐착하지 않는다. 이 세상에서 어떤 것도 최고라고 취할 만한 것은 없다.

4장 5

최상에 대한 여덟 게송의 경

Paramaṭṭhaka-sutta [빠라맛타까 숫따]

796

사람은 자신의 견해 속에 머물면서 '이것이 최고다.'라고 하
며 그것을 세상에서 가장 최고라고 여긴다. 모든 다른 것들
은 그것보다 열등하다고 말한다. 그러므로 그는 논쟁을 초
월하지 못한다.

797

(그는) 본 것, 들은 것, 계행과 계율, 또는 생각한 것 속에서
자신에게 무엇이든 이익이 있다고 보고, 그것에만 집착한
나머지 그 밖의 다른 것들은 열등한 것으로 본다.

798

보는 것에 의존하여 다른 것들은 열등하다고 여기는 것을,

선한 분들은 '속박'이라고 말한다. 그러므로 수행자는 본 것, 들은 것, 생각한 것, 계행과 계율에 의존하지 말아야 한다.

799
지식에 의해 또는 계행과 계율에 의해 이 세상에서 그릇된 견해를 만들지 말아야 한다. 자신을 동등하다고 말해서는 안 되고, 열등하다거나 또는 남보다 더 낫다고 생각해서도 안 된다.

800
그는 가지고 있던 집착들을 버리고 (또 다시) 집착하지 않으며, 지식에조차도 의지하지 않는다. 그는 다른 견해를 가진 사람들 가운데 있으면서도, 어느 당파도 따르지 않는다. 그는 어떤 견해에도 빠지지 않는다.

801
양극단에 대해서도, 이 세상과 저 세상의 여러 존재에 대해서도 갈망이 없다. 그에게는 살핀 후에 교리 중에서 움켜쥔 집착이 없다.

802
그에게는 이 세상에서 본 것, 들은 것, 또는 생각한 것에 대하여 만들어진 아주 작은 개념도 없다. 견해에 집착하지 않는 그런 성자를 이 세상에서 어떻게 판단할 수 있겠는가?

803

그들은 (그릇된 견해를) 만들지 않으며, (어떤 것을) 더 좋아하지도 않는다. 그들에게 취해진 교리는 없다. 성자는 계행과 계율에 의해 인도되지도 않는다. 피안으로 간 그런 분은 돌아오지 않는다.

4장 6
늙음의 경

Jarā-sutta [자라 숫따]

804

삶은 참으로 짧구나. 백년도 못 되어 죽는다. 더 산다 해도 늙어서 죽는다.

805

사람들은 애착하는 것 때문에 슬퍼한다. 참으로 소유란 영원하지 않다. 이런 이별이 있음을 보고 재가의 삶에 머물지 말라.

806

사람이 '나의 것'이라고 생각하는 것은 또한 죽음에 의해 사라진다. 참으로 이와 같이 알고서 나를 따르는 지혜로운 사람은 '나의 것'에 기울지 말아야 한다.

807

잠을 깬 사람이 꿈속에서 만난 사람을 보지 못하듯이, 죽어서 떠난 사랑하는 사람도 보지 못한다.

808

(눈에) 보이고 (목소리를) 들을 수 있는 사람들은 그들의 특별한 이름이 불려진다. 그러나 죽으면 오직 사람의 이름만이 남아 불릴 뿐이다.

809

애착하는 것에 욕심을 부리는 사람들은, 슬픔과 한탄과 탐욕을 버리지 못한다. 평온을 보는 성자는 소유를 버리고 유행하였다.

810

멀리하고 유행하고 홀로 떨어진 곳으로 가고, 처소에서 자신을 드러내지 않는 것은 비구에게 적합하다고 말한다.

811

성자는 어떤 곳에도 머물지 않고,[106] 사랑하거나 미워하지도 않는다. 슬픔도 탐욕도 그를 더럽히지 않는다. 물이 (연)잎을 더럽히지 않듯이.

812

물방울이 연잎에 묻지 않듯이, 물이 연꽃을 더럽히지 않듯이, 그처럼 성자는 본 것, 들은 것, 생각한 것에 더럽혀지지 않는다.

813

청정해진 사람은 청정함은 본 것, 들은 것, 생각한 것에 의한 것이라고 생각하지 않는다. 어떤 것에 의해서도 청정함을 구하지도 않는다. 그는 집착하지도 않고 집착을 벗어나려고도 하지 않는다.[107]

4장 7

띳사멧떼이야의 경

Tissametteyya-sutta [띳사멧떼이야 숫따]

814

띳사멧떼이야가 말했다. "존자님, 성행위에 빠지는 자의 고
뇌에 대하여 말씀해 주십시오. 당신의 가르침을 듣고서 홀
로 떨어짐을 배우겠습니다."

815

부처님은 말씀하셨다. "멧떼이야, 성행위에 빠지는 자는 가
르침을 잊어버리고 그릇된 길에 들어선 것이다. 이것은 그
안에 있는 천한 것이다.

816

전에는 홀로 유행하다가 성행위에 빠지는 자는 길에서 벗어난
수레와 같다. 세상 사람들은 그를 저열한 사람이라 부른다.

817

그가 전에 가졌던 명성과 명예는 사라진다. 이것을 보고 성행위를 버리도록 자신을 수련해야 한다.

818

그는 생각들에 사로잡혀 마치 비참한 사람처럼 숙고한다. 그런 사람은 다른 사람의 비판을 듣고서 고민하게 된다.

819

그래서 그는 다른 사람들의 말에 자극되어 무기를 만들어 (자신을 해친다.) 그는 그릇됨에 뛰어드는데, 이것은 참으로 커다란 속박이다.

820

지혜로운 사람이라고 알려진 사람이 홀로 유행하는 삶에 들어갔다. 그런데 성행위에 빠지게 되어 마치 어리석은 사람처럼 괴로워한다.

821

이런 위험이 전에든 후에든 언제든지 있음을 알고, 성자는 이 세상에서 홀로 유행하는 삶을 굳건히 해야 한다. 그리고 성행위에 빠지지 말아야 한다.

822

홀로 떨어짐을 배우라. 이것은 거룩한 이들에게 으뜸가는
일이다. 이것으로 인하여 자신이 최고라고 생각해서는 안
된다. 그는 참으로 열반에 가까이 있다.

823

(윤회의) 홍수를 건너 저 언덕에 도달한 사람, 감각적 쾌락
을 거들떠보지 않고, (욕망) 없이 유행하는 성자를 감각적
쾌락에 묶여 있는 사람들은 부러워한다."

4장 8
빠수라의 경

Pasūra-sutta[빠수라 숫따]

824

"오직 여기에 청정함이 있다."고 그들은 말한다. 다른 가르침 가운데는 청정함이 없다고 말한다. 그들이 의지하는 것, 거기에 훌륭한 것이 있다고 말하면서 많은 사람들은 그들의 몇몇 진리에 고착돼 있다.

825

그들은 토론을 좋아하여 집회에 들어가서 서로서로 어리석은 자라고 깎아내린다. 그들은 칭찬을 바라며 달인이라고 말하면서, 다른 사람(그들 스승의 이론)에 의지하여 토론을 벌인다.

826

집회의 한가운데에서 토론에 참여한 사람은 칭찬을 바라면서 패배할까 두려워한다. 그러나 그는 논파되어 불만족하게 된다. 그는 상대방의 결점을 찾다가 비난을 받고서 화를 낸다.

827

논쟁의 심판자들이 그의 논쟁은 부족하고 패배했다고 말하면, 논쟁이 부족한 사람은 슬퍼하고 한탄한다. "그는 나를 이겼다."고 울부짖는다.

828

이 논쟁들이 수행자들 사이에서 일어났다. 그들 가운데는 승리와 패배가 있다. 이것을 보고 논쟁을 그만두어야 한다. 칭찬을 얻는 것 이외에 아무런 이득이 없기 때문이다.

829

또는 집회의 한가운데에서 말을 하여 거기서 칭찬을 받고는 생각한 대로 목적을 달성하여 그는 기뻐하고 우쭐해진다.

830

어떤 우쭐함이든지 그것은 그의 괴로움의 원인이 될 것이다. 왜냐하면 그는 교만과 자만을 표현하기 때문이다. 이것을 보고서 논쟁을 해서는 안 된다. 참으로 선한 분들은 그것

(논쟁)에 의해서 청정이 (얻어진다고) 말하지 않는다.

831

왕의 녹을 먹고 사는 영웅처럼, 그는 적병을 찾아 소리를 지르며 달려간다. "(적)이 있는 곳으로 가거라! 영웅이여." 그러나 참으로 여기에는 그전처럼 싸울 것이 없다.

832

견해를 가지고 논쟁하고 "오직 이것만이 진리이다."라고 말하는 사람이 있거든, 그대는 그들에게 "논쟁이 일어나면 그대에게 상대해 줄 사람이 여기는 없소."라고 말하라.

833

그러나 한 견해로 다른 견해를 방해하지 않으면서, 적을 만들지 않고 유행하는 사람들 중에서, 빠수라여, 그대는 그들에게서 무엇을 얻으려는가? 그들에게는 최고라고 집착할 것이 없다.

834

그대는 마음속에 그릇된 견해들을 계속 생각하면서 추론에 빠져 버렸다. 그대는 청정한 분과의 친교를 위해 왔다. 그러나 그대는 그분과 함께 나아갈 수 없을 것이다.

4장 9

마간디야의 경

Magandiya-sutta [마간디야 숫따]

835

(거룩한 분) "'갈애, 혐오, 욕망'이라는 (악마의 세 딸들)을 보고 성적 충동이 일어나지 않았다. 똥, 오줌으로 가득 찬 이것이 무엇인가? 나는 발로조차 그것에 닿는 것을 원하지 않는다."

836

(마간디야) "만일 당신이 많은 인간의 왕들이 원했던 여인들, 그와 같은 보석을 원하지 않는다면, 무엇이 당신의 견해인지, 무엇이 계행과 계율에 따라 사는 삶인지, 그리고 어떤 존재로의 다시 태어남을 천명하십니까?"

837

"마간디야, 잘 살핀 후에 담마 가운데에서 내가 집착하는 것은 없다. '나는 이것을 말한다.'고 천명할 뿐이다. 나는 여러 견해들을 보고 집착하지 않고 관찰하면서 내 안의 평화를 보았다."

838

"성자여, 당신은 '만들어진 이론들에 집착하지 않고'라고 말합니다. 이것을 '내 안의 평화'라고 하시는데, 이것이 어떻게 지혜로운 사람에 의해 천명되는지요?"

839

"마간디야, 청정이란 견해에 의한 것이라고도, 배움이나 지식, 계행이나 계율에 의한 것이라고도 나는 말하지 않는다. (청정이란) 견해가 없는 것이나, 배움이나 지식, 계행이나 계율이 없는 것에 의한 것이라고도 나는 말하지 않는다. 이것들을 버리고 집착 없이, 평온한 (마음으로) 의지하지 않고, 존재를 갈망하지 말아야 한다."

840

마간디야가 말했다. "만일 청정이란 견해에 의한 것이라고도, 배움이나 지식, 계행이나, 계율에 의한 것이라고도 말하지 않고, (청정이란) 견해가 없는 것이나, 배움이나 지식,

계행이나 계율이 없는 것에 의한 것이라고도 말하지 않으시면, 이 담마는 (사람을) 혼란케 한다고 생각합니다. 어떤 사람들은 청정이란 견해에 의한 것이라고 알고 있습니다."

841

"마간디야, 그대는 견해에 의지해서 질문하면서 집착한 것 속에서 혼란하게 되었다. 그대는 (내가 말한 것의) 작은 개념조차도 보지 못했다. 그래서 그대는 (내가 말한 것이 그대를) 혼란케 하는 것으로 여긴다.

842

누구든 자신을 동등하다거나, 우월하다거나, 또는 열등하다고 생각하는 사람은 그것 때문에 다툴 것이다. (그러나) 이 세 종류에 흔들리지 않으면, 그에게는 동등하다거나 우월하다는 것이 없다.

843

아라한이 무슨 일로 '이것은 진실이다.'라고 말하겠는가? 또는 '이것은 거짓이다.'라고 누구와 다투겠는가? 그의 안에 동등하다거나 동등하지 않다는 것이 없는데 누구와 논쟁을 벌이겠는가?

844

집을 버리고 집 없이 유행하며, 마을에서 친교를 갖지 않고, 감각적 쾌락에서 벗어나, 미래의 존재에 대한 열망 없이, 성자는 사람들과의 논쟁적인 말에 가담해서는 안 된다.

845

이 세상에서 홀로 떨어져 유행해야 하는 거룩한 사람은, 그런 (견해)에서 벗어나 집착하거나 논쟁하지 말아야 한다. 물에서 자라는 연꽃이 물이나 진흙에 더럽혀지지 않듯이, 이처럼 평화의 주창자 성자는 탐욕 없이 감각적 쾌락과 세상에 더럽혀지지 않는다.

846

지혜를 성취한 사람은 견해나 지식으로 인하여 교만해지지 않는다. 그는 그런 사람이 아니기 때문이다. 그는 행위나 배움에 의해서도 영향받지 않는다. 집착 속으로도 끌려가지 않는다.

847

지각에서 벗어난 사람에게는 속박이 없다. 지혜로 해탈한 사람에게는 어리석음이 없다. 그러나 지각과 견해에 집착하는 사람들은 충돌하면서 세상에서 유행한다."

4장 10
죽기 전에의 경
Purābheda-sutta [뿌라베다 숫따]

848

"어떤 통찰과 어떤 계행을 지니면 '평온한 분'이라 불립니까? 고따마시여, '위없는 분'에 대하여 여쭈오니 그것을 저에게 말씀해 주십시오."

849

부처님이 말씀하셨다. "몸이 부서지기 전에 갈애를 떠나고, 과거에 집착하지 않고, 현재에도 기대하지 않으면, (미래의 어떤 존재에도) 더 선호할 것이 없다.

850

성내지 않고, 두려워하지 않고, 자랑하지 않고, 나쁜 행동을 하지 않고, 지혜롭게 말하고, 교만하지 않는 사람, 그는 참으로 말을 절제하는 성자이다.

851

그는 미래에 집착하지 않으며 과거에 슬퍼하지 않는다. 감각이 닿는 것에서 초연함을 본다. 그는 그릇된 견해에 이끌리지 않는다.

852

(경계를) 멀리하고, 속이지 않고, 욕심내지 않고, 시기하지 않고, 무모하지 않고, 멸시하지 않고, 중상에 가담하지 않는다.

853

유쾌한 것에 대한 욕망이 없이 교만에 기울지 않고, 온화하고, 분별이 있고, 쉽사리 믿지도 않고, 욕망에서 벗어나려고도 하지 않는다.

854

(무엇을) 얻으려는 욕심에서 자신을 수련하는 것이 아니다. 얻음이 없더라도 성내지 않는다. 갈애에 의해 방해받지 않고 맛에 탐착하지 않는다.

855
어떤 것에도 치우침이 없고 항상 마음집중을 하고, 그는 세
상에서 자신을 동등하다거나, 우월하다거나, 열등하다고 생
각지 않는다. 그에게는 교만이 없다.

856
의존할 것이 없는 사람은 가르침을 알고서 의존하지 않는
것이다. 그에게는 존재하거나 존재하지 않음에 대한 갈애가
없다.

857
감각적 쾌락에 관심 두지 않는 사람, 그를 '고요한 분'이라
부른다. 그에게는 속박이 없다. 그는 집착의 그 너머로 갔다.

858
그에게는 자식도, 가축도, 논밭도, 재산도 없다. 그에게는
취할 것도 버릴 것도 없다.

859
일반 사람들과 사문과 브라흐민들이 비난하는 것 때문에
(싫어하거나) 좋아함이 그에게는 없다. 그러므로 그는 말들
속에서 동요하지 않는다.

860

탐욕에서 벗어나고 욕심 없이, 성자는 자신을 우월하다거
나, 동등하다거나, 열등하다고 말하지 않는다. 그는 헛된 망
상에서 벗어났기에 망상에 빠지지 않는다.

861

그에게는 세상에서 자신의 것이 없다. 자신의 것이 없다고
슬퍼하지도 않는다. 그는 모든 것에서 빗나가지 않는다. 그
는 참으로 '고요한 분'이라 불린다."

4장 11

다툼과 논쟁의 경

Kalahavivāda-sutta [깔라하위와다 숫따]

862

"어디서 다툼, 논쟁, 한탄과 슬픔, 탐욕, 교만과 오만, 중상
이 일어납니까? 어디서 그것들이 일어납니까? 부디 이것을
말씀해 주십시오."

863

"다툼, 논쟁, 한탄과 슬픔, 탐욕, 교만과 오만, 그리고 중상
은 사랑하는 것으로부터 일어난다. 다툼과 논쟁은 탐욕에
연결되고, 논쟁이 일어나면 중상이 따른다."

864

"세상에서 사랑하는 것들은 어디서 생깁니까? 세상에 탐욕
은 어디서 생깁니까? 사람의 내세에 대한 희망과 성취는 어

디서 생깁니까?"

865

"세상에서 사랑하는 것들은 욕망에서 일어난다. 세상에 탐욕도 욕망에서 일어난다. 사람의 내세에 대한 희망과 성취도 욕망에서 일어난다."

866

"그러면 세상에서 욕망은 어디서 일어납니까? 독단은 어디서 일어납니까? 분노, 거짓말, 의혹과 또한 사문이 말하는 (해로운) 현상들은 어디서 일어납니까?"

867

"세상에서 유쾌와 불쾌라고 부르는 것에 의해서 욕망이 일어난다. 모양을 가진 것들 가운데 태어나 존재하는 것과 사라져 존재하지 않는 것을 보고 세상에서 사람은 독단을 만든다.

868

분노, 거짓말, 의혹, (해로운) 현상들은 두 가지(유쾌와 불쾌)가 있을 때 일어난다. 의혹이 있는 자는 지혜의 길에서 자신을 단련하여야 한다. (이것을) 알고서, 사문은 (해로운) 현상들을 말한 것이다."

869

"유쾌와 불쾌는 어디서 생깁니까? 무엇이 없을 때 그들이
존재하지 않습니까? '존재와 소멸' 이것들도 또한 저에게 말
씀해 주십시오. 어디서 그것이 생기는지."

870

"유쾌와 불쾌는 접촉에서 생긴다. 접촉이 없으면 그것들이
존재하지 않는다. '존재와 소멸' 이것들도 또한 접촉으로부
터 생긴다고 나는 말한다."

871

"이 세상에서 접촉은 어디서 생깁니까? 어디서 집착이 일어
납니까? 무엇이 없으면 이기심이 존재하지 않습니까? 무엇
이 소멸하면 접촉이 없어집니까?"

872

"몸과 마음으로 인해 접촉이 일어난다. 집착은 욕망에서 생
긴다. 욕망이 없으면 이기심도 존재하지 않는다. 형상이 소
멸하면 접촉이 없어진다."

873

"어떤 상태를 얻은 사람에게 형상이 사라집니까? 어떻게 행
복과 괴로움도 또한 사라집니까? 저에게 말씀해 주십시오.

어떻게 그것이 사라지는지를. 우리는 그것을 알고 싶습니다. 그것이 제 마음입니다."

874

"지각도 없고, 그릇된 지각도 없고, 지각이 없는 것도 아니고, 지각이 소멸된 것도 아니다. 이와 같은 상태를 얻은 사람에게는 형상이 사라진다. 망상이라 일컫는 것은 지각에서 생기기 때문이다."

875

"우리가 질문한 것을 당신은 우리에게 말씀해 주셨습니다. 다른 것을 당신께 질문드립니다. 부디 이것을 말씀해 주십시오. 이 세상에서 어떤 현자들은 이 정도가 개인의 으뜸가는 청정이라고 말합니까? 아니면 이것과는 다르게 말합니까?"

876

"이 세상에서 어떤 현자들은 이 정도가 개인의 으뜸가는 청정이라고 말한다. 그러나 달인이라고 말하는 그들 중 어떤 현자들은 집착이 남김없이 소멸한 경지라고 말한다.

877

이것들이 집착인 것을 알고서, 관찰하는 성자는 집착하는 것들을 알고서, 안 후에는 거기에서 벗어나 논쟁에 가담하지 않는다. 현자는 존재의 어떤 형태로도 가지 않는다.[108]"

4장 12
작은 배열[109]의 경

Cūlaviyūha-sutta[쫄라위유하 숫따]

878

"저마다 자신의 견해를 가지고 살며, 논쟁하며, 달인들은 다
양한 것들을 말합니다. '이와 같이 아는 사람은 진리를 안
다. 이것을 비난하는 사람은 완전한 사람이 아니다.'라고.

879

이처럼 그들은 논쟁하고 다툽니다. 다른 사람을 '어리석은
자, 달인이 아니다.'라고 말합니다. 이들 모두는 그들이 달
인이라고 말하는데 이들의 어떤 말이 진실입니까?"

880

"만일 다른 사람의 가르침을 인정하지 않는다면 그는 둔하
고, 어리석고, 지혜가 모자란 사람이 된다. 그런데 이들 모

두는 (독단적인) 그들 (자신의) 견해를 가지고 살고 있기 때문에, 모두가 아주 지혜가 모자란 어리석은 자들이다.

881
그러나 만일 자신의 견해로 깨끗해지고, 청정한 지혜를 가지며, 총명하고, 사려 깊다면, 그들의 견해는 그처럼 똑같이 완전하기 때문에 그들의 아무도 지혜가 모자란 자는 없는 것이다.

882
어리석은 자가 서로 간에 말하는 것을 '이것은 진리이다.'라고 나는 말하지 않는다. 그들은 저마다 자신의 견해를 '진리'로 만들었다. 그래서 다른 사람을 '어리석은 자'라고 여기는 것이다."

883
"어떤 사람은 '진리이다. 사실이다.'라고 말하는 것을 다른 사람들은 '공허하다. 거짓이다.'라고 말합니다. 이와 같이 그들은 논쟁하고 다툽니다. 왜 사문들은 하나로 (동일하게) 말하지 않습니까?"

884
"진리는 하나일 뿐 두 번째 것은 없다. (진리에 대하여) 아는 사람은 서로 다투지 않는다. 그들은 다양한 진리를 천명한다. 그러므로 사문들은 하나로 (동일하게) 말하지 않는다."

885

"달인이라고 말하는 논쟁하는 사람들이 왜 다양한 진리를 말합니까? 다양한 많은 진리가 있는 것입니까? 아니면 (오직 자신의) 추론만을 따르는 것입니까?"

886

"(잘못된) 의식을 제외하고는 세상에서 영원한, 다양한 많은 진리가 있는 것은 아니다. (사람들은) 그들의 견해 속에서 추론을 고안하여 '진리와 거짓' 두 가지 논리가 있다고 말한다.

887

본 것, 들은 것, 계행과 계율, 또는 생각한 것, 이것들에 의지하여 남을 경멸하여 바라본다. (그들은) 독단에 입각하여 기뻐하면서 다른 사람은 어리석고 달인이 아니라고 말한다.

888

다른 사람을 어리석은 자라고 깎아내림으로써 자기 자신을 달인이라고 말한다. 자기 자신을 달인이라고 말하면서 다른 사람을 경멸한다. 그는 이런 식으로 말한다.

889

그는 극단적인 견해로 가득 차 있고, 교만에 취해 있고, 자신을 성취한 사람이라고 생각한다. (생각하기를) 자신의 견해는 그처럼 완전하기 때문에 자신은 축성된 사람[110]이라고 마음속으로 생각한다.

890

만일 다른 사람의 말에 따라 열등한 자가 된다면, (그렇게 말하는 사람) 자신도 함께 지혜가 열등한 자가 된다. 그러나 만일 그 자신이 최상의 지식을 얻은 자, 지혜로운 자라면, 사문 중에는 아무도 어리석은 자는 없다.

891

'이것과는 다른 가르침을 말하는 사람들은 청정을 잃은 것이며 완전치 못하다.' 이처럼 참으로 이교도들은 (사방에) 널리 말한다. 그들은 참으로 자신의 견해에 대한 욕망으로 흥분해 있다.

892

'여기에만 오직 청정함이 있다.'고 그들은 말한다. 청정함이 다른 가르침 중에는 없다고 말한다. 이처럼 또한 이교도들은 오직 자신의 길에 딱 멈추어서 완고하게 말한다.

893

자신의 길을 (요지부동) 확고하게 말하면서, 어느 누구를 이 경우에 어리석은 사람이라고 깎아내리겠는가? 다른 사람을 어리석은 사람, 청정치 못한 사람이라고 말한다면, 그 자신은 다툼을 초래할 것이다.

894

독단에 서서 자신을 측정한다면 그는 세상에서 더욱더 논쟁 속으로 들어간다. 그러나 독단을 버린 사람은 세상에서 다툼을 만들지 않는다."

4장 13

큰 배열의 경

Mahāviyūha-sutta [마하위유하 숫따]

895

"누구든지 자신의 견해에 머물면서 '오직 이것만이 진리이다.'라고 말하면서 논쟁하는 사람은, 이들 모두가 비난을 받습니까, 아니면 그로 인해 칭찬을 받습니까?"

896

"이것(칭찬)은 참으로 보잘것없어서 평안을 위해 충분치 않다. 논쟁의 두 가지 결과를 나는 말한다. 가득한 평화는 논쟁이 없는 경지임을 알고서, 이것을 보고 논쟁을 하지 말아야 한다.

897

일반 사람들이 어떤 견해를 갖든지 현자는 어떤 것도 가까이하지 않는다. 보고 들은 것에 좋아함을 두지 않는 집착 없는 사람이 무엇을 집착하겠는가?

898

계행을 으뜸으로 여기는 자들은 '청정함은 자아절제에 의한 것'이라고 말한다. 그들은 계율을 받아 지니고는 그것에 헌신하며 말한다. '오직 이것에서만 우리 자신을 수련해야 한다. 그러면 거기에 청정함이 있을 것이다.' 그들은 달인이라고 말하고 있지만, 그러나 그들은 (윤회의) 존재로 인도된다.

899

만일 계행과 계율로부터 멀어지면 그는 자신의 일을 지키지 않았기 때문에 (두려움으로) 떤다. 그는 마치 (낙타) 대상을 잃고 집에서 멀리 떨어져 있는 사람이 대상을 찾기를 갈망하듯이, 이 세상에서 청정함을 갈망하고 염원한다.

900

계행과 계율도 버리고, 비난할 만한 행동도 비난받지 않을 행동도 버리고, 청정함도 청정치 못함도 바라지 말고, 고요함(조차도) 움켜쥠 없이, 집착 없이 유행하라.

901

혐오스러운 고행에 의해서 또는 보고, 듣고, 생각한 것에 의해서 그들은 청정한 것에 대하여 목소리를 높여 부르짖는다.
한 존재에서 또 다른 존재로의 갈애에서 벗어나지 못한 채.

902

구하는 사람에게는 욕망이 있다. 그의 계획 속에서 (두려움
으로) 떤다. 그에게는 이 세상에서 태어남도 죽음도 없는데
무엇 때문에 떨고, 무엇을 갈망하겠는가?"

903

"어떤 사람들은 가장 뛰어난 가르침이라고 말하지만, 그러나
다른 사람들은 열등하다고 말합니다. 이 모든 사람들이 자
신을 달인이라고 말하는데 이들의 어떤 것이 진실된 말입니
까?"

904

"그들 자신의 가르침은 완전하다고 그들은 말한다. 그러나
다른 사람의 가르침은 열등하다고 말한다. 이처럼 (논쟁에)
뛰어들어 논쟁한다. 그들은 각자 그들 자신의 견해가 진리
라고 말한다.

905

만일 가르침이 다른 사람의 경멸 때문에 열등하다면, 가르
침 중에는 어떤 것도 뛰어난 것은 없을 것이다. 많은 사람들

은 그들 자신의 (가르침에) 대해서는 완강하게 말하고 남의
가르침은 저열하다고 말하기 때문이다.

906

그들은 자신의 길을 찬탄하듯이 그들 자신의 가르침을 존중
한다. 그들에게 청정함은 특별하기에 모든 논쟁은 진리여야
할 것이다.

907

거룩한 분은 다른 사람에 의해 인도되지 않는다. 관찰 후에
다른 가르침 중에서 집착하는 것은 없다. 그는 다른 가르침
이 최고라고 보지 않기 때문에, 그러므로 논쟁들에서 벗어
나 있다.

908

'나는 안다. 나는 본다. 이것은 바로 이렇다.'라고 어떤 사람
들은 청정함은 견해에 의한 것이라고 안다. 비록 그가 보았다
하더라도, 그 자신에게 그게 무슨 소용인가? 그들은 (바른 길
에서) 벗어나 청정함은 다른 길에 의한 것이라고 말한다.

909

보는 사람은 이름과 형태를 본다. 보고 나서는 오직 그것들
만을 알게 될 것이다. (그렇다면) 많거나 적거나 원하는 대

로 보라. 그러나 달인들은 말하기를 청정함은 그런 것에 의
한 것이 아니라고 말한다.

910

그는 (자신이) 고안한 견해를 선호하기 때문에, 독단주의자
는 수행하기가 쉽지 않다. 그는 선함이 거기에 있다고, 거기
에서 진리를 보았다고 말하면서 자신이 의지하는 거기에 청
정함이 있다고 말한다.

911

거룩한 분은 (두루) 살펴서 망상에 빠지지 않는다. 그는 견
해들을 따르지 않는다. 또한 지식에도 의지하지 않는다. 그
는 일반적인 견해들을 알고서, 다른 사람들은 그것들을 취
하지만 그는 거기에 관심 두지 않는다.

912

속박에서 벗어나, 이 세상에서 성자는 논쟁이 생겼을 때 어
떤 당파도 따르지 않는다. 산만한 사람들 가운데서도 고요
하고, 초연하고, 다른 사람들은 그것(견해)에 집착하지만 그
는 집착하지 않는다.

913

지나간 번뇌는 버리고, 새 것을 만들지 않으며, 욕구를 따라

가지 않는다. 그는 독단주의자가 아니다. 그는 견해에서 벗어났고 지혜로운 자이다. 그는 세상에 더럽혀지지 않으며 자신을 책망하지도 않는다.

914

본 것, 들은 것, 생각한 것이 무엇이든 모든 현상에 대하여 그는 적대하지 않는다. 짐을 내려놓은 성자는 (번뇌에서) 벗어났고, 망상이 없고, 삼갈 것도 없고, 갈망할 것도 없다."고 거룩한 분은 말씀하셨다.

4장 14

서두름의 경

Tuvaṭaka-sutta[뚜와따까 숫따]

915

"태양족의 후예이신 위대한 선인께 '홀로 떨어짐과 평안의
경지'에 대하여 여쭙니다. 비구는 어떻게 보아야 세상에서
어떤 것에도 집착하지 않고 적멸에 듭니까?"

916

존귀하신 분은 말씀하셨다. "지혜를 가진 사람은 '나는 있
다'라는, '망상'이라고 간주되는 것의 뿌리를 완전히 잘라야
한다. 무엇이든 갈애가 내 안에 있다면, 항상 마음을 집중하
여 그것들을 몰아내도록 자신을 수련하여야 한다.

917

안으로든 또는 밖으로든 어떤 현상을 그가 잘 안다 하더라

도 그것에 대하여 고집을 부려서는 안 된다. 선한 분들에 의
해 그것이 적멸이라 불리지 않기 때문이다.

918

그 때문에 더 낫다거나, 열등하다거나, 동등하다고 생각해
서는 안 된다. 여러 가지 형태에 의해 영향을 받아도 자신을
(우월한 척) 꾸며 대지 말아야 한다.

919

비구는 안으로 평온해야 한다. 다른 것으로부터 평안을 찾
아서는 안 된다. 안으로 평온한 사람에게는 취할 것도 없는
데 어찌 버릴 것이 있겠는가?

920

바다 한가운데는 파도가 일지 않고 잔잔하듯이, 그처럼 동
함이 없이 (마음의 일렁임을) 멈추어라. 비구는 어떤 것에도
교만을 부려서는 안 된다."

921

"(지혜의) 눈을 뜨신 분은 재난을 제거하는 가르침을 말씀
해 주셨습니다. 존자님, (바른) 길과 계율의 규정들이나 마
음집중을 말씀해 주십시오."

922

"눈으로 탐내지 말라. 쓸데없는 수다에 귀를 막아라. 맛에
탐착하지 말라. 세상의 어떤 것에도 집착하지 말라.

923

(괴로운 일에) 당면할 때에도 비구는 어떤 경우에든지 비탄
에 빠져서는 안 된다. 존재를 갈망하지도 말고, 두려움 가운
데서도 떨지 말아야 한다.

924

음식과 음료, 그리고 먹을 만한 것들과 옷을 얻어서 저장해
서는 안 된다. 그것들을 얻지 못해도 걱정해서는 안 된다.

925

방황하는 자가 아닌 명상하는 자가 되어야 한다. 그는 그릇
된 행동을 삼가야 한다. 게을러서는 안 된다. 비구는 앉을
자리와 누울 자리가 있는, 소음이 없는 곳에서 지내야 한다.

926

잠을 많이 자서는 안 된다. 열심하고, 깨어 있음에 몰두해야
한다. 게으름, 거짓, 웃음, 오락, 성행위를 (이것들에) 필요
한 장식물들과 함께 버려야 한다.

927

주술, 꿈의 해몽, 징조를 점치거나, 또는 점성술을 해서는 안 된다. 나의 제자는 동물의 소리를 점치거나 임신을 시킨다는 (술수나), 치유한다는 (술수에) 몰두해서는 안 된다.

928

비구는 비난에 동요되어서는 안 된다. 칭찬을 받고 우쭐거려서도 안 된다. 탐욕과 함께 시기, 성냄, 중상을 제거해야 한다.

929

비구는 사고파는 일을 해서는 안 된다. 어떤 경우에도 비난받을 만한 행동을 해서는 안 된다. 마을에서 오래 머물러서는 안 된다. 얻으려는 욕심에서 사람들에게 말을 걸어서는 안 된다.

930

비구는 허풍선이여서는 안 된다. 배후에 동기를 가지고 말을 해서는 안 된다. 뻔뻔함을 배워서는 안 된다. 불화를 가져올 말을 해서는 안 된다.

931

거짓됨으로 인도되어서는 안 된다. 의도적으로 기만하는 행

동을 하지 말아야 한다. (자신의) 삶의 방식, 지혜, 계행과
계율을 (자만하여) 다른 사람을 멸시해서는 안 된다.

932
사문이나 일반 개인들로부터 많은 말을 듣고서 비록 화가
나더라도 그들에게 거친 말로 대꾸해서는 안 된다. 참으로
선한 사람은 보복하지 않기 때문이다.

933
비구는 이 이치를 알아서 살피고, 항상 마음을 집중하고 자
신을 수련하여야 한다. '적멸은 평안이다.'라고 알고서 고따
마의 가르침에서 깨어 있어야 한다.

934
그는 패한 적이 없는 승리자이다. 그는 전해 들은 것이 아니
고 스스로 깨달은 진리를 보았다. 그러므로 거룩한 분의 가
르침 속에서 깨어 있고, 항상 공경하며, 그 모범을 따라야
한다."고 존귀한 분은 말씀하셨다.

4장 15
폭력적인 사람의 경

Attadaṇḍa-sutta [앗따단다 숫따]

935

"폭력적인 사람으로부터 두려움이 생긴다. 싸움하는 사람들을 보라. 내가 어떻게 두려워했는지, 그 두려움에 대해서 말하리라.

936

말라 가는 물에 있는 물고기처럼 떨고 있는 사람들을 보고서, 서로서로 적대하는 그들을 보고서 두려움이 생겼다.

937

이 세상 어디에나 (영원한) 실체는 없다. (불안정하기에) 어느 방향이나 모두 흔들리고 있다. 나 자신의 (견고한) 처소를 찾지만, 그러나 (늙음과 고통이) 차지하지 않은 곳을 나는 보지 못했다.

938

그들[111]이 끝까지 적대하는 것을 보고 나는 마음이 불편하였다. 그런데 나는 (그들의) 심장에 (숨어) 사는 보기 힘든 (번뇌의) 화살을 보았다.

939

이 화살에 의해 영향을 받은 사람은 온 방향으로 치달린다. 그러나 화살을 제거하면 치달리지 않고 가라앉지도 않는다.

940

그 점에서 (다음과 같은) 교훈이 암송된다. '세상에 어떤 속박이 있더라도 그것에 빠져서는 안 된다. 감각적 쾌락을 모두 꿰뚫어 보고 자기 자신의 열반을 위해 자신을 단련하여야 한다.'

941

성자는 진실해야 하고, 건방지지 않고, 속이지 않고, 중상하지 않고, 성내지 않고, 이기심과 탐욕의 악함을 건너야 한다.

942

그의 마음이 열반으로 향해 있는 사람은 수면과 게으름을

이겨 내야 한다. 태만하게 살아서는 안 된다. 교만에 머물러
서도 안 된다.

943

거짓으로 이끌려서는 안 된다. (보이는) 모양에 애착을 가
져서는 안 된다. 교만을 꿰뚫어 분명히 알아야 한다. 폭력을
삼가고 유행하라.

944

지나간 것을 즐거워하지 말며, 새 것에 좋아함을 보이지 말
라. 사라져 갈 때에 슬퍼하지 말라. 갈애에 붙잡히지 말라.

945

탐욕은 큰 홍수, 욕망은 거센 물살, 집착은 파도, 감각적 쾌
락은 건너기 어려운 진흙탕이라고 나는 말한다.

946

성자는 진리로부터 빗나가지 않고, 단단한 땅 위에 서 있다.
그는 모든 것을 버리고 참으로 평온한 분이라 불린다.

947

그는 지혜로운 자이다. 그는 최상의 앎을 얻은 자이다. 그는
진리를 알고서 (어떤 것에도) 의지하지 않는다. 그는 세상에

서 바르게 행동하고, 어느 누구도 부러워하지 않는다.

948

이 세상에서 감각적 쾌락을 건너고, 초월하기 어려운 집착의 그 너머로 간 사람은, 슬퍼하지 않고 걱정하지 않는다. 그는 (윤회의) 흐름을 끊었고 얽매임이 없다.

949

과거에 있었던 것을 말려 버려라. 미래에 그대에게 아무것도 없게 하라. 만일 현재에도 집착하지 않는다면 그대는 평온하게 유행하리.

950

몸과 마음에 대하여 (내 것이라는) 집착이 전혀 없는 사람, 없다고 해서 슬퍼하지 않는 사람, 그는 참으로 세상에서 잃을 것이 없다.

951

'이것은 나의 것이다.' 또는 '다른 사람의 것이다.'라는 생각이 없는 사람, 그는 내 것이 없기에 나에게 없다고 슬퍼하지 않는다.

952

동함이 없는 분에 대하여 질문을 받으면, 나는 그분의 훌륭한 점을 (이렇게) 말한다. 그는 거칠지 않고, 욕심이 없고, 욕망에서 벗어나고, 모든 점에서 공평하다.

953

욕망에서 벗어난 사람에게는, 폭넓은 지혜를 가진 사람에게는 어떤 (업의) 쌓음도 없다. 그는 (업의) 쌓음을 삼가 모든 곳에서 평안을 본다.

954

성자는 자신이 동등하다거나, 열등하다거나, 우월하다고 말하지 않는다. 그는 평온하고 관대하고, 취할 것도 없고 버릴 것도 없다."고 존귀한 분은 말씀하셨다.

4장 16

사리뿟따의 경[112]

Sāriputta-sutta [사리뿟따 숫따]

955

사리뿟따 존자가 말하였다. "무리의 지도자로서 도솔천에서 오신, 그처럼 훌륭하게 말씀하시는 스승에 대하여, 나는 지금까지 본 적도 없고, 어떤 누구로부터 들은 적도 없습니다.

956

통찰력을 가지신 분은 신들을 포함한 세상에 실제로 나타나신 것입니다. (어리석음의) 어둠을 몰아내고, 그분은 홀로 (깨달음의) 기쁨을 누리셨습니다.[113]

957

이 세상에서 묶여 있는 많은 사람들의 (이익을) 위해, 집착 없고 거짓이 없는 무리의 지도자로 오신 깨달은 분께, 저는 질문을 가지고 왔습니다.

958

(번다함을) 싫어하여[114] 한적한 자리, 나무 아래, 또는 묘지, 또는 산에 있는 동굴로 간 비구에게,

959

고요한 거처에서 비구는 떨지 않아야 하는데, 여러 거처 중에는 얼마나 많은 두려움이 있습니까?

960

비구가 한적한 거처에서 극복해야만 하는, 전에 가 본 적이 없는 곳으로 가는 사람에게 이 세상에는 얼마나 많은 위험이 있습니까?

961

말의 방식은 어떠해야 합니까? 행동의 범위는 어떠해야 합니까? 단호한 뜻을 가진 비구에게 계행과 계율은 어떠해야 합니까?

962

주의 깊고, 지혜롭고, 마음을 집중하는 사람이 어떤 수련을 해야, 마치 대장장이가 은의 때를 제거하듯이 자신의 더러

움을 제거합니까?"

963
부처님은 말씀하셨다.
"사리뿟따, 만일 가르침에 따라서 깨달음을 구하여 외딴 거
처로 간다면, 번다함을 싫어하는 자에게 무엇이 안온한 것
인지, 아는 사람으로서 그대에게 설명하리라.

964
마음집중에 머물고, 자아절제에 따라서 사는 지혜로운 비구
는, 다섯 가지의 위험을 무서워해서는 안 된다. 쇠파리와 모
기, 뱀(파충류), 사람의 마주침, 네 발 가진 짐승이다.

965
그들(이교도들)의 많은 두려움을 보고서도, 이교도들을 두
려워해서는 안 된다. 더욱더 바름을 추구하며, 다른 위험들
을 이겨 내야 한다.

966
질병의 만남으로 인해, 굶주림에 의해, 고통을 겪더라도 참
아 내야 하고 추위와 폭염을 참아 내야 한다. 여러 가지로
이것들에 의해 영향을 받더라도, 집 없는 사람은 힘을 기울
이고 굳건한 노력을 하여야 한다.

967

도둑질을 하지 말라. 거짓말을 하지 말라. 동물이나 식물이
나 자애로 대하라. 마음의 혼란이 무엇이든 알아차려야 하
며, 그것은 '악마의 짝패'라고 알아 제거하여야 한다.

968

분노와 교만에 지배되지 말라. 그것들의 뿌리를 뽑고 (굳건
히) 서야 한다. 또한 유쾌한 것이나 불쾌한 것이나 모두 이
겨 내야 한다.

969

지혜를 앞에 놓고, 선한 것을 기뻐하며, 위험들을 제거해야
한다. 외딴 거처에서 싫어하는 것들을 참아 내야 한다. 비탄
의 원인이 되는 네 가지를 견뎌 내야 한다.

970

'나는 무엇을 먹지?'

'어디서 먹지?'

'정말로 (어제) 불편하게 잠을 잤다.'

'오늘은 어디서 잠을 자나?'

집 없이 유행하는 아직 배우는 입장에 있는 사람은 이들 (네
가지) 비탄의 생각들을 몰아내야 한다.

971

알맞은 때에 음식과 옷을 얻고 만족을 위해 (알맞은) 분량을
알아야 한다. 이런 것들 속에서 자신을 지키고, 마을에서는
조심스레 행동하고, 감정을 상하게 하더라도 거친 말을 해
서는 안 된다.

972

눈을 아래로 뜨고 두리번거리지 말고,[115] 명상에 몰두하고
크게 깨어 있어야 한다. 평정을 닦고 마음을 집중하여 의혹
의 근본과 그릇된 행동을 잘라 버려야 한다.

973

마음집중에 머무는 사람은 충고하는 말에 기뻐해야 한다.
그는 청정한 삶을 사는 동료들에 대한 마음의 황무지를 부
수어 버려야 한다. 적절한 때에 맞는 선한 말을 해야 한다.
사람들이 남을 비방하듯이 (그렇게) 생각해서는 안 된다.

974

더욱이 세상에는 다섯 가지 티끌[116]이 있으니, 마음집중에
머무는 사람은 그것의 제거를 위해 자기 자신을 단련하여야
한다. 그는 형상, 소리, 맛, 냄새, 감촉에 대한 욕망을 이겨
내야 한다.

975

잘 해탈한 마음을 가진, 마음집중에 머무는 비구는 이런 것
들에 대한 욕망을 제거해야 한다. 적당한 때에 가르침을 바
르게 깊이 살피면서, 마음을 집중하여 (어리석음의) 어둠을
제거해야 한다."고 부처님은 말씀하셨다.

5장
피안 가는 길의 장

Pārāyana-vagga
[빠라야나 왁가]

사진설명_ 산찌 탑의 법륜 조각

산찌 탑은 기원전 250년경 아소까 왕이 건축한 석조로 된 가장 아름다운 부처님 사리탑이다. 기원전 2세기 간다라에서 불상이 처음 만들어지기 전에 인도에서는 감히 부처님 모습을 조각하지 못하고, 불상 대신 부처님 가르침의 상징인 법륜이나 깨달음을 얻은 보리수나무, 불교 상징인 연꽃, 부처님 발자국 등을 조각하여 예경하였다. 법륜은 '부처님은 바라나시의 사슴동산에서 다섯 명의 비구들에게 가장 처음으로 가르침의 바퀴를 굴리셨다.'(상윳따 니까야 56:11)는 불교 역사의 가장 중요한 순간을 나타내고 있다. 가르침을 수레바퀴로 표현한 것은 부처님의 가르침이 끊이지 않고 퍼져나감을 상징한다.

5장 1

서시

Vatthu-gāthā [왓투 가타]

976

베다 성전에 통달한 한 브라흐민 (바와리)가 무소유를 구하면서 꼬살라의 아름다운 도시에서 남쪽 지방으로 내려왔다.

977

그는 앗사까 지방과 알라까 지방의 경계에서 (이삭을) 주워모으고 열매를 거두며, 고다와리 강변에서 살았다.

978

그 (강변) 가까이에 큰 마을이 있었다. 그 (마을)로부터 생긴 수입으로 그는 큰 제사를 지냈다.

979

그는 큰 제사를 지내고 다시 암자로 돌아왔다. 그가 다시 돌
아왔을 때 어떤 브라흐민이 왔다.

980

발은 붓고, 목은 타고, 치아는 불결하고, 머리는 먼지를 뒤
집어쓴 채 그에게 다가와서 500전을 구걸하였다.

981

그를 보고 바와리는 자리에 앉도록 권하였다. 그리고 그의
건강과 안부를 묻고는 이 말을 하였다.

982

"내가 가지고 있던 것은 이미 모두 나누어 주었습니다. 이해
하여 주시오, 브라흐민. 내게는 500전이 없습니다."

983

"만일 내가 구걸하는데도 베풀어 주지 않는다면, (지금부
터) 일곱째 날에 당신의 머리가 일곱 조각이 날 것이오."

984

사기꾼은 (주문을) 외우고, 무서운 (저주를) 하였다. 그의
말을 듣고 바와리는 괴로워하였다.

985

그는 음식도 먹지 않고 야위어 갔다. 그는 슬픔의 화살에 영향을 받은 것이다. 더욱이 이와 같은 마음이었기에 그의 마음은 명상에서도 기쁨을 누리지 못했다.

986

두려워하고 괴로워하는 그를 보고, 남의 행복을 바라는 (데와) 신이 바와리에게 다가가서 이런 말을 하였다.

987

"그는 머리에 대해 알지 못합니다. 그는 재물을 탐내는 사기꾼입니다. 그는 머리나 머리를 박살 내는 어떤 지식도 없습니다."

988

"그러면 그대는 알고 있겠군요. 청컨대, 머리와 머리를 박살 내는 것을 말해 주십시오. 당신의 말을 듣고 싶습니다."

989

"나는 그것을 모릅니다. 이 일에 대한 지식이 내게는 없습니다. 머리와 머리를 박살 내는 것, 이것은 승리자의 통찰입니다."

990

"그러면 이 지구상에서 누가 머리와 머리를 박살 내는 것에 대해 알고 있습니까? 그것을 나에게 말해 주십시오. (데와) 신이여."

991

"(몇 년) 전에 까삘라왓투에서 출가한 세상의 지도자가 계십니다. 그분은 옥까까 왕의 후손이고, 사꺄 족의 아들이고, 빛을 가져오는 분입니다."

992

브라흐민, 그분은 참으로 온전히 깨달은 분입니다. 그는 모든 현상의 그 너머로 가신 분입니다. 그분은 초능적 앎과 힘을 가졌고, 모든 것에 대한 통찰이 있습니다. 그분은 모든 것이 소멸된 경지에 이르렀고, 다시 태어남의 토대를 부수고 해탈하였습니다.

993

통찰력을 가진 분, 세상에서 존귀한 분, 깨달은 분께서 가르침을 설하십니다. 그대는 가서 그분께 물으십시오. 그분은 그대에게 설명해 주실 것입니다.

994

'온전히 깨달은 분'이라는 말을 듣고 바와리는 기뻐하였다.
그의 슬픔은 가벼워졌고 큰 기쁨을 얻었다.

995

바와리는 기쁜 마음으로 즐겁고, 환희심이 일어 데와 신에
게 물었다.
"어떤 마을 또는 도시, 또는 어떤 나라에 세상의 구원자가
계십니까? 그곳에 가서 온전히 깨달으신 분, 인간 가운데
위없는 분께 예경드리고 싶습니다."

996

"승리자는 꼬살라 국의 사왓티에 계십니다. 그는 큰 지혜를
가진 분이고, 빼어나고, 폭넓은 지성을 갖춘 분입니다. 그
사꺄 족의 아들은 견줄 자가 없고 번뇌에서 벗어난 분입니
다. 인간 가운데 황소[117]는 머리를 박살 내는 것을 알고 있습
니다."

997

그래서 그는 (그의 제자인) 베다에 통달한 브라흐민 학인들
에게 말하였다.
"자, 젊은이들이여, 나는 그대들에게 말하리라. 나의 말을
들어라.

998

이 세상에서 그가 출현하는 것이 매우 얻기 어려운 분이 지
금 이 세상에 나타나신 것이다. 그는 '깨달은 분'이라고 널
리 알려져 있다. 사왓티로 어서 가서 인간 가운데 으뜸인 그
분을 뵈어라."

999

"그러면 브라흐민이여, 우리가 그를 보고서 '깨달은 분'인지
어떻게 알 수 있습니까? 저희들은 알지 못하므로 어떻게 그
를 알 수 있는지 말해 주십시오."

1000

"위대한 사람의 특징이 베다 성전에 전해 오고 있다. 서른두
가지가 완전하게 순서대로 설명되어 있다.

1001

그의 몸에 위대한 사람의 특징이 있는 사람에게는 오직 두
가지 길이 있다. 세 번째는 존재하지 않는다.

1002

만일 그가 집에서 산다면, 지구를 정복하고서, 폭력 없이,
무기 없이, 정의로써 다스린다.

1003

그러나 만일 집에서 집 없는 곳으로 출가한다면, 그는 (어리석음의) 덮개를 제거한 분, 온전히 깨달은 분, 아라한, 위없는 분이 된다.

1004

나(바와리)의 태생, 가문, (몸의) 특징에 대하여, 베다 진언과 나의 다른 제자들에 대하여, 그리고 머리와 머리를 박살 내는 것에 대하여, 오직 (그대의) 마음속으로 (그에게) 물으라.

1005

만일 그가 장애 없이 꿰뚫어 보는 '깨달은 분'이라면, 마음속으로 물은 질문에 말로써 대답할 것이다."

1006

바와리의 말을 듣고 16명의 브라흐민 학인들, 아지따, 띳사 멧떼이야, 뿐나까, 그리고 멧따구,

1007

도따까, 우빠시와, 그리고 난다와 헤마까, 또데이야와 깝빠 둘 다, 그리고 지혜로운 자뚜깐니,

1008

바드라우다 그리고 우다야, 또한 브라흐민 뽀살라, 현자 모
가라자 그리고 위대한 선인 삥기야.

1009

이들은 각자 추종자들을 갖고 있으며, 온 세상에 널리 알려
지고, 명상가이고, 명상에 헌신하고, 지혜로운 자이고, 마음
에 남은 전생의 향기를 발하는 사람들이었다.

1010

타래 머리를 하고, 사슴 가죽 옷을 입은 그들은 바와리에게
인사를 하고, 그를 오른쪽으로 돌아 모두 북쪽을 향하여 떠
났다.

1011

알라까 국의 빠띳타나로, 그리고 마힛사띠로, 웃제니로, 고
낫다, 웨디사, 와나사라는 곳으로,

1012

또한 꼬삼비, 사께따, 가장 훌륭한 도시인 사왓티, 세따위
야, 까삘라왓투 그리고 꾸시나라 도시로 들어갔다.

1013

그리고 빠와, 보가 도시, 마가다의 도시 웨살리로, 아름답고
마음에 드는 빠사나까 탑에 이르렀다.

1014

목마른 자가 시원한 물을 찾듯이, 상인이 큰 이익을 찾듯이,
더위에 지친 자가 그늘을 찾듯이, 그들은 서둘러 산으로 올
라갔다.

1015

그때 존귀하신 분은 비구 승가 대중 앞에서, 숲 속에서 포효
하는 사자처럼 비구들에게 가르침을 설하고 계셨다.

1016

빛을 비추는 태양 같은, 가득 찬 보름달과 같은 온전히 깨달
으신 분을 아지따는 보았다.

1017

그리고 그의 몸에 완벽한 특징이 있는 것을 보고, 한쪽에 서
서 기뻐하며 그는 마음속으로 질문을 하였다.

1018

'(바와리의) 출생에 대하여 말해 보시오. 그의 (몸의) 특징

들과 함께 가문을 말해 보시오. 베다 경전에 대한 그의 완벽
함을 말해 보시오. 브라흐민은 몇 명이나 가르칩니까?'

1019
"나이는 120세이고, 가문은 바와리이고, 그의 몸에는 세 가
지 특징이 있고, 세 가지 베다에 통달해 있소.

1020
특징과 구전, 어휘론과 함께 의례에 통달했고, 500명을 가르
치며, 자신의 가르침에서 완벽에 도달해 있소."

1021
'갈애를 끊어 버린 분, 인간 가운데 위없는 분이시여, 바와
리의 특징을 자세히 말씀해 주십시오. 저희들에게 의혹이
없도록 해 주십시오.'

1022
"그는 혀로 얼굴을 덮으며, 눈썹 사이에는 털이 있고, 성기
는 감추어져 있소. 이처럼 아시오. 브라흐민 학인이여."

1023
어떤 질문도 듣지 않은 채, 질문을 듣고 대답하시니 모든 사
람들은 감격이 되어 합장을 하고 생각하였다.

1024

'그는 데와 신인가? 또는 브라흐마 신인가? 또는 수자의 남편인 인드라 신인가? (아지따)의 마음속으로 이런 질문들을 물었는데 누구에게 이 대답을 한 것인가?'

1025

"바와리는 머리와 머리를 박살 내는 것에 대하여 물었습니다. 존귀하신 분이여, 그것을 설명해 주십시오. 우리의 의혹을 제거해 주십시오, 선인이시여."

1026

"어리석음이 머리인 줄 알아야 하오. 믿음, 마음챙김, 마음집중에 의해서, 그리고 굳건한 마음과 노력을 갖춘 지혜가 머리를 박살 내는 것입니다."

1027

큰 감동으로 압도되어 브라흐민 학인들은 사슴 가죽을 한쪽 어깨에 걸치고 (부처님의) 두 발에 머리를 대어 절하였다.

1028

"존자님, 브라흐민 바와리는 그의 제자들과 함께 기쁜 마음으로 환희하여 (부처님의) 발에 예경드립니다. 통찰력을 갖춘 분이여."

1029

"브라흐민 바와리는 그의 제자들과 함께 행복하기를 바라오. 그대도 또한 행복하기를 바라오. 오래오래 사시오, 브라흐민 학인들이여.

1030

바와리와 그대들 그리고 모두의 모든 의혹은 이제 기회가 주어졌으니, 마음속에 질문하고자 하는 것은 무엇이나 물으시오."

1031

온전히 깨달으신 분께 허락을 받았기에 아지따는 앉아서 합장하고 여래께 첫 번째 질문을 하였다.

5장 2
아지따의 질문

Ajitamāṇava-pucchā [아지따마나와 뿟차]

1032

아지따는 말하였다. "세상은 무엇으로 덮여 있습니까? 세상은 왜 빛나지 않습니까? 세상의 더러움은 무엇이라고 부릅니까? 세상의 커다란 두려움은 무엇입니까?"

1033

"아지따여, 세상은 어리석음으로 덮여 있습니다. 탐욕과 게으름 때문에 세상은 빛나지 않소. 집착이 세상의 더러움이라고 나는 부릅니다. 괴로움이 세상의 큰 두려움입니다."

1034

아지따가 말하였다. "(갈애의) 흐름은 모든 곳으로 흐릅니다. 흐름을 막는 것은 무엇입니까? 흐름의 제어를 저에게 말해 주십시오. 무엇에 의해 흐름이 차단됩니까?"

1035
"아지따여, 어떤 흐름이 세상에 있든지 간에 마음챙김은 흐름의 막음이며, 흐름의 제어라고 나는 말합니다. 흐름은 지혜에 의해 차단됩니다."

1036
아지따가 말하였다. "존자님, 지혜와 마음챙김, 이름과 형상, 이것을 여쭈오니 저에게 말씀해 주십시오. 어디에서 이것이 소멸합니까?"

1037
"아지따여, 그대가 질문한 이 물음, '어디에서 이름과 형상이 완전히 소멸하는지'에 답하리라. 의식의 소멸에 의해 거기에서 이름과 형상이 소멸합니다."

1038
"지혜로우신 존자님이여, 이 세상에는 진리를 이해한 사람들도 있고, 아직 배우는 많은 자들도 있습니다. 이들의 삶의 태도에 대해 여쭈오니, 저에게 말씀해 주십시오."

1039

"아지따여, 비구는 감각적 쾌락에 탐닉해서는 안 됩니다. 마음이 혼란해서도 안 됩니다. 모든 가르침에 숙달하여 마음을 집중하고 유행하여야 합니다."

5장 3
띳사멧떼이야의 질문

Tissametteyyamāṇava-pucchā [띳사멧떼이야마나와 뿟차]

1040

띳사멧떼이야가 말했다 "이 세상에서 누가 만족합니까? 누구에게 동요가 없습니까? 누가 양쪽 끝을 잘 알아 지혜로써 중간에도 (집착으로) 얼룩지지 않습니까? 누구를 훌륭한 사람이라고 부릅니까? 누가 이 세상에서 갈애를 극복하였습니까?"

1041

"멧떼이야, 감각적 쾌락의 세상 속에서도 청정한 삶을 살고, 갈애에서 벗어나 항상 마음집중에 머물고, 주의 깊게 관찰하여 열반에 도달한 비구, 그에게는 동요가 없습니다.

1042

그는 양쪽 끝을 잘 알아 지혜로써 중간에도 (집착으로) 얼룩
지지 않습니다. 그를 나는 훌륭한 사람이라 부릅니다. 그는
이 세상에서 갈애를 극복하였습니다."

5장 4

뿐나까의 질문

Puṇṇakamāṇava-pucchā [뿐나까마나와 뿟차]

1043

뿐나까가 말했다. "욕망에서 벗어난 분, 근본을 꿰뚫어 보는
분께 여쭙고자 왔습니다. 이 세상에서 무엇 때문에 많은 선
인들, 평민, 왕족, 그리고 브라흐민들이 신들에게 제사를 지
냅니까? 존귀하신 분이여, 당신께 여쭈오니 저에게 말씀해
주십시오."

1044

"뿐나까여, 이 세상에서 신들에게 제사를 지내는 많은 선인
들, 평민, 왕족, 그리고 브라흐민들은 늙어감에 따라서 이
세상에서의 존재를 (다시) 갈망하기 때문에 제사를 지냈습
니다."

1045

뿐나까가 말했다. "거룩하신 분이여, 이 세상에서 신들에게 제사를 지낸 이들 많은 선인들, 평민, 왕족 그리고 브라흐민들이 제사 지내는 것에 게으르지 않았다면, 태어남과 늙음의 그 너머로 간 것입니까, 존자님? 존귀하신 분이여, 제가 여쭈오니 그것을 저에게 말씀해 주십시오."

1046

"뿐나까여, 그들은 바라고, 찬양하고, 갈망하고 제물을 바칩니다. 그들은 이득 때문에 감각적 쾌락을 갈망합니다. 제사에 헌신하고, 존재에 대한 욕망에 집착한 그들은 태어남과 늙음을 초월하지 못했다고 나는 말합니다."

1047

뿐나까가 말했다. "만일 제사에 헌신하는 자들이 제사에 의해서도 태어남과 늙음을 초월하지 못했다면, 그러면 존자님, 누가 신과 인간의 세상에서 태어남과 늙음을 초월했습니까? 존귀하신 분이여, 당신께 여쭈오니 그것을 저에게 말씀해 주십시오."

1048

"뿐나까여, 세상에서 높고 낮은 모든 것들을 살피고, 이 세상 어디에서도 동요가 없고, 고요하고, (욕망의) 연기를 (피

움) 없이, 고뇌 없이 어떤 것도 바라지 않는다면, 그는 태어
남과 늙음을 초월했다고 나는 말합니다."

5장 5
멧따구의 질문

Mettagūmāṇava-pucchā[멧따구마나와 뿟차]

1049

멧따구가 말했다. "존귀하신 분이여, 여쭈오니 이것을 말씀해 주십시오. 그대는 최상의 지혜를 얻은 분이고, 마음 수행을 잘하신 분이라 생각합니다. 이 세상에 다양한 형태로 있는 이런 괴로움들이 어디에서 생겨난 것입니까?"

1050

"멧따구여, 그대는 나에게 괴로움의 근원에 대해 물었습니다. 내가 알고 있는 것을 그대에게 말하리라. 이 세상에 다양한 형태로 있는 괴로움은 집착을 원인으로 일어납니다.

1051

알지 못하기 때문에 집착을 하는 어리석은 사람은 되풀이하

여 괴로움을 겪습니다. 그러므로 지혜로운 사람은 이것이
태어남과 괴로움의 근원인 줄을 알고서 집착을 하지 말아야
합니다."

1052

"당신은 우리가 여쭌 것을 설명해 주셨습니다. 다른 것을 여
쭈오니 이것을 부디 말씀해 주십시오. 어떻게 지혜로운 사
람은 (윤회의) 홍수를 건넙니까? 어떻게 태어남과 늙음, 그
리고 슬픔과 한탄을 건넙니까? 성자여, 이것을 저에게 잘
설명해 주십시오. 이처럼 참으로 당신은 이 가르침을 잘 아
시기 때문입니다."

1053

"멧따구여, 이 세상 현상에서 전해 들은 것이 아닌 가르침을
그대에게 말하겠소. (이 가르침을) 이해하고서 마음을 집중
하고 유행하는 사람은, 이 세상에서 집착을 뛰어넘을 것입
니다."

1054

"위대한 선인이여, (이 가르침을) 이해하고서 마음을 집중
하고 유행하는 사람은, 이 세상에서 집착을 뛰어넘으리라는
최상의 가르침에 저는 기쁩니다."

1055

"멧따구여, 위로 아래로, 옆으로, 또한 가운데로, 그대가 아는 것은 무엇이든지, 이것들에 대한 환락과, 집착과, 식별을 몰아내고서 이생에서의 존재에 머물러서는 안 됩니다.

1056

부지런히 마음을 집중하고 이처럼 머무는 비구는, 좋아하는 것들을 버리고, 태어남과 늙음, 슬픔과 한탄을 버리고, 현자로서 이 세상에서 괴로움을 벗어날 것입니다."

1057

"위대한 선인의 말씀에 저는 기쁩니다. 고따마시여, 집착에서 벗어난 경지가 잘 설명되었습니다. 진실로 존귀한 분은 괴로움을 버리셨습니다. 이처럼 당신은 이 가르침을 잘 아시기 때문입니다."

1058

"성자시여, 당신께서 계속해서 가르치는 그들도 또한 이제 괴로움을 버릴 것입니다. 코끼리시여, 당신께 나아가 절합니다. 확실히 거룩하신 분은 저를 계속해서 가르치실 것입니다."

1059

"최상의 지혜를 얻은 자라고 (그대들이) 인정하는 아라한, 그는 소유가 없고, 감각적 쾌락과 존재에 집착하지 않고, 분명히 홍수를 건넜고, 피안에 이르렀고, 황무지가 없고, 의혹이 없소.

1060

그는 이 세상에서 지혜로운 자이고, 최상의 앎을 얻은 자이고, 어떤 형태의 존재에 대한 집착도 버리고, 갈애가 없고, 고뇌에서 벗어나고, 욕망이 없고, 태어남과 늙음을 건넜다고 나는 말합니다."

5장 6
도따까의 질문

Dhotakamāṇava-pucchā [도따까마나와 뿟차]

1061

도따까가 말했다. "존귀하신 분이여, 당신께 여쭙니다. 이것을 저에게 말씀해 주십시오. 위대한 선인이여, 저는 당신의 말씀을 듣고 싶습니다. 당신의 말씀을 듣고서 저의 해탈을 위해 저 자신을 수련하겠습니다."

1062

"그러면 노력을 기울이시오, 도따까. 이곳에서 열심히 마음을 집중하고, 여기서 가르침을 듣고 자신의 해탈을 위해 자신을 수련하시오."

1063

"저는 신과 인간의 세상에서 아무것도 소유하지 않고 유행

하는 거룩한 분을 봅니다. 온전한 통찰을 가진 사꺄여, 저는
당신께 절합니다. 저를 의혹에서 벗어나게 해 주십시오."

1064

"도따까여, 나는 이 세상에서 의혹을 가진 어떤 사람이라도
그를 (의혹에서) 벗어나게 할 수는 없습니다. 그러나 으뜸
가는 가르침을 안다면, 그대는 이 (윤회의) 홍수를 건널 것
이오."

1065

"성자시여, 자비를 베풀어 제가 그것을 알 수 있도록, '홀로
있는 한적함'의 가르침을 가르쳐 주십시오. 그래서 제가 이
세상에서 허공처럼 걸림 없이 고요하고, 집착 없이 유행할
수 있도록 해 주십시오."

1066

"도따까여, 이 세상 현상에서 전해 들은 것이 아닌 '평온'에
대하여 그대에게 말하겠소. (이 가르침을) 이해하고서, 마
음을 집중하고 유행하는 사람은 이 세상의 집착을 뛰어넘을
것이오."

1067

"위대한 선인이여, (이 가르침을) 이해하고서, 마음을 집중

하고 유행하는 사람은 이 세상의 집착을 뛰어넘으리라는 으뜸가는 '평온'의 (가르침에) 저는 그지없이 기쁩니다."

1068
"도따까여, 위로 아래로 옆으로 또한 가운데로 그대가 알고 있는 무엇이든지 그것을 세상의 집착이라고 알고서, 존재의 어떤 형태에도 갈애를 만들지 말아야 합니다."

5장 7

우빠시와의 질문

Upasīvamāṇava-pucchā [우빠시와마나와 뿟차]

1069

우빠시와가 말했다. "사꺄여, 저는 의지함이 없이 혼자서 큰 홍수를 건널 수가 없습니다. 온전한 통찰을 가진 분이여, 제가 의지해서 이 홍수를 건널 수 있도록 의지처를 말씀해 주십시오."

1070

"우빠시와, 아무것도 없는 경지를 살피면서 마음집중에 머물고, '없다'에 의지하여 홍수를 건너시오. 감각적 쾌락을 버리고 의혹에서 벗어나, 갈애의 소멸을 밤낮으로 생각하시오."

1071

우빠시와가 말했다. "모든 감각적 쾌락에 대한 욕망에서 벗어나, 아무것도 없는 경지에 의존하여 다른 모든 것을 버리고, 지각으로부터 위없는 해탈로 해탈한 사람, 그는 (윤회의) 대상이 되지 않고 거기에 머물 수 있습니까?"

1072

"우빠시와, 모든 감각적 쾌락에 대한 욕망에서 벗어나, 아무것도 없는 경지에 의존하여 모든 것을 버리고, 지각으로부터 위없는 해탈로 해탈한 사람, 그는 (윤회의) 대상이 되지 않고 거기에 머물 수 있을 것이오."

1073

"온전한 통찰을 가진 분이여, 만일 그가 (윤회의) 대상이 되지 않고 많은 세월 동안 거기에 머문다면, 만일 그곳에서 해탈하여 고요하게 된다면, 이런 사람에게 식별이 있는 겁니까?"

1074

"우빠시와여, 마치 바람의 힘에 의해 펄럭거린 불꽃은 꺼져서 더 이상 (불꽃으로) 헤아려지지 않듯이, 몸과 마음에서 해탈한 성자는 소멸되어 더 이상 헤아려지지 않습니다."

1075

"그는 소멸해 버려 존재하지 않는 것입니까? 또는 온전히 영원한 것입니까? 성자시여, 이것을 제게 잘 설명해 주십시오. 이처럼 참으로 당신은 이 가르침을 잘 아시기 때문입니다."

1076

"우빠시와여, 소멸해 버린 사람에게는 그를 헤아릴 방도가 없소. 그들이 말할 수 있는 것은 그에게는 없소. 모든 현상들이 끊어지면 모든 언어의 길도 또한 끊어져 버립니다."

5장 8
난다의 질문

Nandamāṇava-pucchā [난다마나와 뿟차]

1077

난다가 말했다. "세상에는 성자들이 있다고 사람들은 말합니다. 어째서 그렇습니까? 그들은 지식을 가진 사람을 성자라고 말합니까? 또는 (특별한) 삶의 길을 소유한 사람을 성자라고 말합니까?"

1078

"난다여, 통달한 사람은 이 세상에서 견해 때문에, 배움 때문에, 지식 때문에 성자라고 말하지 않습니다. 한적하게 살고, 고뇌 없이, 욕망 없이 유행하는 사람들을 나는 성자라고 부릅니다."

1079

난다가 말했다. "존자님, 어떤 사문이나 브라흐민이라도 청
정이란 본 것, 들은 것에 의한 것이라고 말합니다. (또는) 청
정이란 계행과 계율에 의한 것이라고 말합니다. (또는) 청정
이란 여러 가지에 의한 것이라고 말합니다. 존귀하신 분이여,
그들은 세상에서 그렇게 살면서 태어남과 늙음을 건넌 것입
니까, 존자님? 여쭈오니 저에게 그것을 말씀해 주십시오."

1080

"난다여, 어떤 사문이나 브라흐민이라도 청정이란 본 것, 들
은 것에 의한 것이라고 말합니다. (또는) 청정이란 계행과
계율에 의한 것이라고 말합니다. (또는) 청정이란 여러 가지
에 의한 것이라고 말합니다. 그들은 세상에서 그렇게 산다
해도 태어남과 늙음을 건너지 못했다고 나는 말합니다."

1081

난다가 말했다. "어떤 사문이나 브라흐민이라도 청정이란
본 것, 들은 것에 의한 것이라고 말합니다. (또는) 청정이란
계행과 계율에 의한 것이라고 말합니다. (또는) 청정이란 여
러 가지에 의한 것이라고 말합니다. 만일 성자여, 그들은 홍
수를 건너지 못했다고 말씀하시면, 그러면 존자님, 누가 신
과 인간의 세상에서 태어남과 늙음을 건넜습니까? 존귀한
분이여, 여쭈오니 저에게 그것을 말씀해 주십시오."

1082

"난다여, 나는 모든 사문과 브라흐민들이 태어남과 늙음에
갇혀 있다고 말하지 않습니다. 누구든지 이 세상에서 본 것,
들은 것, 생각한 것, 또는 계율과 계행을 버리고, 모든 여러
가지 것들을 버리고, 갈애를 두루 알아 번뇌가 없다면, 그들
은 참으로 홍수를 건넌 사람이라고 나는 말합니다."

1083

"위대한 선인의 말씀에 저는 기쁩니다. 고따마여, 집착에서
벗어난 경지를 잘 설명해 주셨습니다. 누구든지 이 세상에
서 본 것, 들은 것, 생각한 것, 또는 계율과 계행을 버리고,
모든 여러 가지 것들을 버리고, 갈애를 두루 알아 번뇌가 없
다면, 그들은 참으로 홍수를 건넌 사람들이라고 저도 또한
(그렇게) 말합니다."

5장 9

헤마까의 질문

Hemakamāṇava-pucchā[헤마까마나와 뿟차]

1084

헤마까가 말했다 "고따마의 가르침 그 전에 어떤 누구라도 '예전에는 이러했다. 미래에는 이러할 것이다.'라고 예전에 나에게 설명한 것들은, 그것들은 모두 소문에 불과하고, 그것들은 모두 나의 의혹만 증가시킬 뿐입니다.

1085

저는 거기에서 기뻐하지 않았습니다. 그러니 성자시여, 갈애를 뿌리 뽑는 가르침을 말씀해 주십시오. 그것을 알고서, 마음을 집중하여 유행하며, 세상에서 집착을 뛰어넘겠습니다."

1086

"헤마까여, 이 세상에서 본 것, 들은 것, 생각한 것, 이해한 것들 가운데 유혹하는 대상에 대하여 흥분과 욕망을 제거하는 것이 흔들리지 않는 열반의 경지입니다.

1087
이것을 알고서 마음집중에 머물고 이 세상의 현상에서 온전히 평온한, (그래서) 항상 고요한 사람들은 이 세상에서 집착을 뛰어넘었소."

5장 10
또데이야의 질문

Todeyyamāṇava-pucchā[또데이야마나와 뿟차]

1088

또데이야가 말했다. "감각적 쾌락에 머물지 않고, 갈애가 없고, 의혹의 그 너머로 간 사람, 어떤 것이 그의 해탈입니까?"

1089

"또데이야, 감각적 쾌락에 머물지 않고, 갈애가 없고, 의혹의 그 너머로 간 사람, 그에게는 더 이상 해탈할 것이 없습니다."

1090

"그는 열망이 없습니까? 또는 (아직도) 갈망이 있습니까? 그는 지혜가 있는 자입니까? 또는 (아직도) 지혜를 쌓고 있습니까? 온전한 통찰을 가진 사꺄여, 제가 성자를 알 수 있도록 이것을 저에게 말씀해 주십시오."

1091

"또데이야, 그는 열망이 없고 갈망하지 않습니다. 그는 지혜가 있는 자이고 (아직도) 지혜를 쌓고 있는 사람이 아닙니다. 이처럼 성자를 아시오. 그는 아무것도 소유하지 않고, 감각적 쾌락과 존재에 집착하지 않습니다."

5장 11
깝빠의 질문

Kappamāṇava-pucchā [깝빠마나와 뿟차]

1092

깝빠가 말했다. "존자님, 매우 두려운 홍수가 일어났을 때, 호수의 중간에 서 있는 사람들처럼, 늙음과 죽음에 압도당한 사람들에게 (피난처인) 섬을 말씀해 주십시오. 이 (괴로움이) 또다시 일어나지 않도록 저에게 (피난처인) 섬을 말씀해 주십시오."

1093

"깝빠여, 매우 두려운 홍수가 일어났을 때, 호수의 중간에 서 있는 사람들처럼, 늙음과 죽음에 의해 압도당한 사람들에게, 나는 (피난처인) 섬을 말해 주리라.

1094

소유가 없고 집착이 없고, 비할 데 없는 이 섬을 나는 '열반'이라고 부릅니다. 그것은 늙음과 죽음의 소멸인 것이오.

1095

이것을 알고 마음집중에 머물고, 이 세상 현상에 대하여 온전히 평온한 사람들은 악마의 지배 아래로 가지 않으며, 악마의 종이 되지 않소."

5장 12
자뚜깐니의 질문

Jatukaṇṇimāṇava-pucchā[자뚜깐니마나와 뿟차]

1096

자뚜깐니가 말했다. "저는 감각적 쾌락에서 벗어난 영웅에 대해 듣고서, 홍수의 그 너머로 가시고, 감각적 욕망에서 벗어난 분께 여쭙고자 왔습니다. 모든 것을 아시는 분이여, 평온의 경지를 말씀해 주십시오. 존귀하신 분이여, 이것을 있는 그대로 저에게 말씀해 주십시오.

1097

마치 빛나는 태양이 빛으로써 땅을 정복하듯이, 존귀한 분은 감각적 쾌락을 정복하고서 유행합니다. 광대한 지혜를 가진 분이여, 제가 이 세상에서 태어남과 늙음의 '버림'을 알 수 있도록 지혜가 적은 저에게 가르침을 설하여 주십시오."

1098

"자뚜깐니, 감각적 쾌락에 대한 탐욕을 몰아내시오. 출가는 '온전한 평안'이라고 보고 취할 것도 버릴 것도 없어야 하오.

1099

과거에 있었던 것을 말려 버리시오. 미래에도 아무것도 없게 하시오. 현재에도 집착하지 않는다면 그대는 평온하게 유행할 것이오.

1100

브라흐민이여, 몸과 마음에 대한 탐욕이 완전히 없는 사람에게는, 죽음의 힘 속으로 가게 되는 번뇌가 존재하지 않소."

5장 13

바드라우다의 질문

Bhadrāvudhamāṇava-pucchā[바드라우다마나와 뿟차]

1101

바드라우다가 말했다. "집을 버린 분, 갈애를 끊은 분, 욕망이 없는 분, 즐거움을 버린 분, 홍수를 건넌 분, 해탈한 분, 윤회를 건넌 분, 지혜로운 분께 여쭙니다. 존귀한 분의 (말씀을) 듣고 (저희들은) 여기서 물러나겠습니다.

1102

영웅이시여, 당신의 말씀을 갈망하면서 다양한 사람들이 여러 나라에서 모여들었습니다. 그들에게 잘 설명해 주십시오. 이처럼 참으로 당신은 이 가르침을 잘 아시기 때문입니다."

1103

"바드라우다, 위로나 아래로나 옆으로나, 또한 가운데로나,

모든 것에서 집착의 갈애를 제거하시오. (세상에서) 그들이 집착하는 것은 무엇이든지 바로 그것에 의해서 악마가 그 사람을 따라다닙니다.

1104

그러므로 (이것을) 알고서, 죽음의 영역에 집착된 이 사람들을 보면서, 마음집중에 머무는 비구는 온 세상에 있는 어떤 것에도 집착하지 말아야 합니다."

5장 14

우다야의 질문

Udayamāṇava-pucchā [우다야마나와 뿟차]

1105

우다야가 말했다. "열망 없이 앉아서 명상하는 분, 할 일을
해 마치고, 번뇌가 없고, 모든 현상의 그 너머로 가신 분께
질문을 가지고 왔습니다. 어리석음의 부숨과 지혜에 의한
해탈을 말씀해 주십시오."

1106

"우다야여, 감각적 쾌락에 대한 욕망과 고뇌, 이 두 가지의
버림과 게으름의 제거, 그릇된 행동의 차단,

1107

평정과 마음챙김에 의해 청정하게 되고, 바른 생각이 앞서
가면, 이것이 지혜에 의한 해탈이고 어리석음의 부숨이라고

나는 말합니다."

1108

"무엇이 세상의 속박입니까? 무엇이 세상의 동력입니까? 무엇을 버림으로써 열반이라 불립니까?"

1109

"세상은 즐거움이 그 속박이다. 생각은 (세상의) 동력이다. 갈애의 버림에 의해 열반이 있다고 말합니다."

1110

"마음을 집중하고 유행하는 사람에게 어떻게 분별이 멈추어 집니까? 존귀하신 분께 여쭙고자 왔사오니 우리들은 당신의 말씀을 듣고 싶습니다."

1111

"안으로나 밖으로나 느낌을 즐기지 않고, 마음을 집중하고 유행하는 사람에게 분별은 멈추어집니다."

5장 15

뽀살라의 질문

Posālamāṇava-pucchā [뽀살라마나와 뿟차]

1112

뽀살라가 말했다. "과거의 생을 말하고, 욕망에서 벗어나고, 의혹을 끊고, 모든 현상의 그 너머로 가신 분께 질문을 가지고 왔습니다.

1113

물질에 대한 분별이 사라지고, 모든 (윤회하는) 몸을 버리고, 안으로나 밖으로나 아무것도 없음을 보는 사람의 앎에 대하여 사까께 여쭙니다. 어찌 이런 사람이 (다른 사람에 의해) 인도되겠습니까?"

1114

"뽀살라여, 의식의 모든 단계를 아는 여래는, (노력 없이)

서 있는 것을 알고, 해탈한 것을 알고, 열심한 것을 압니다.

1115

아무것도 없는 상태의 근원을 알고, 즐거움은 속박이라고
이처럼 안다면 거기에서 통찰력을 얻습니다. 이것이 할 일
을 해 마친 성자의 참된 지혜입니다."

5장 16

모가라자의 질문

Mogharājamāṇava-pucchā [모가라자마나와 뿟차]

1116

모가라자가 말했다 "사까께 저는 두 번이나 여쭈었습니다.
그러나 통찰을 갖춘 분은 저에게 말씀하지 않았습니다. 그
러나 신성한 성자는 세 번째에는 대답한다고 들었습니다.

1117

이 세상, 저 세상, 데와 신과 함께 브라흐마 신의 세상이 있
습니다. (이런 세상에 대한) 당신의 견해, 잘 알려진 고따마
의 견해를 저는 모르겠습니다.

1118

저는 그와 같은 뻬어난 통찰을 가진 분께 질문을 가지고 왔

습니다. 세상을 어떻게 보는 사람을 죽음의 왕은 보지 못합니까?"

1119

"모가라자여, 항상 마음을 집중하고 세상을 공(空)으로 보시오. (내가 있다는) 자아의 견해를 제거하면 그는 죽음을 건널 것이오. 이와 같이 세상을 보는 사람을 죽음의 왕은 보지 못합니다."

5장 17

삥기야의 질문

Piṅgiyamāṇava-pucchā [삥기야마나와 뿟차]

1120

삥기야가 말했다. "나는 늙고, 쇠약하고, 안색은 바랬습니다. 눈도 선명치 않고 귀도 좋지 않습니다. 제가 어리석은 채로 버려지지 않도록 해 주십시오. 제가 이 세상에서 태어남과 늙음의 버림을 알 수 있도록 가르침을 설하여 주십시오."

1121

"삥기야여, 몸이 있기 때문에 괴로워하는 것을 보게 되고, 깨어 있지 못한 사람들은 몸이 있기 때문에 고통을 겪습니다. 그러므로 삥기야여, 그대는 또다시 존재하지 않기 위하여 깨어 있고, 몸(에 대한 집착)을 버려야 합니다."

1122

"네 방향과 그 사이의 네 방향과, 위, 아래, 이것들은 열 방
향입니다. 이 (열 방향의) 세상에서 당신에 의해 보이지 않
고, 들리지 않고, 생각되지 않고, 인식되지 않는 것은 아무
것도 없습니다. 제가 이 세상에서 태어남과 늙음의 버림을
알 수 있도록 가르침을 설하여 주십시오."

1123

"뻥기야여, 고통을 당하고, 늙음에 정복되고, 갈애에 붙잡힌
사람들을 보면서, 그러므로 뻥기야여, 그대는 깨어 있고, 또
다시 존재하지 않기 위하여 갈애를 버려야 합니다."

5장 18

피안 가는 길의 경

Pārāyana-sutta [빠라야나 숫따]

존귀하신 분은 마가다 국의 빠사나까 사당에 계실 때에 이
와 같이 말씀하셨다. 열여섯 명의 (바와리의) 추종자 브라
흐민들이 질문한 것들을 그분은 각각의 질문에 대답하셨다.
만일 그 의미를 안다면, 각각의 질문의 뜻을 안다면, 그리고
가르침에 따라 그 길을 따른다면, 그는 늙음과 죽음의 그 너
머로 갈 것이다. 이들 가르침은 피안에 이르게 하므로 담마
해설의 이름은 '피안 가는 길'이다.

1124

아지따, 띳사멧떼이야, 뿐나까, 멧따구, 도따까, 그리고 우
빠시와, 난다, 헤마까,

1125

또데이야와 깝빠 두 사람, 그리고 지혜로운 자뚜깐니, 바드
라우다, 우다야, 또한 브라흐민 뽀살라, 슬기로운 모가라자,
그리고 위대한 선인 삥기야.

1126

이들은 덕행을 갖춘 성자, 깨달은 분께 가까이 갔다. 그들은
심오한 질문을 하면서 으뜸가는 깨달은 분께 나아갔다.

1127

그들의 질문을 받으시고 부처님은 있는 그대로 그들에게 대
답하셨다. 그들의 질문에 대답하심으로써 성자는 브라흐민
들을 기쁘게 하셨다.

1128

태양의 후예, 통찰을 갖춘 분, 부처님에 의해 기쁘게 된 그
들은 빼어난 지혜를 가진 분 곁에서 청정한 삶을 살았다.

1129

각각의 질문에 대하여 부처님께서 가르치신 것처럼 실천하
는 사람은 차안에서 피안으로 갈 것이다.

1130

으뜸가는 길을 닦는다면 그는 차안에서 피안으로 갈 것이다. 이 길은 피안으로 가기 위한 것이다. 그러므로 '피안 가는 길'이라고 한다.

1131

삥기야가 말했다.
"제가 피안 가는 길을 외우겠습니다.
티 없고, 매우 지혜로운 분은 본 대로 말씀하셨습니다.
감각적 쾌락이 없고, 갈애가 없는
(많은 사람의) 귀의처이신 분께서
어찌 그릇되이 말씀하시겠습니까?

1132

그러면 더러움과 어리석음을 떠난 분,
교만과 위선을 버린 분의
아름다운 말씀을
저는 찬탄하겠습니다.

1133

어둠을 몰아내는 분, 깨달은 분,
모든 통찰을 갖춘 분, 세상의 궁극에 도달한 분,
모든 존재의 그 너머로 가신 분,

번뇌가 없는 분, 모든 괴로움을 제거한 분,
'붓다'라고 불리기에 마땅한 분,
브라흐민 (바와리)여, 저는 그분을 모셨습니다.

1134
마치 새가 작은 숲을 떠나
열매가 많은 숲에 깃들이듯이,
이처럼 저도 또한 좁은 안목의 사람들을 떠나
백조처럼 큰 바다에 이르렀습니다.

1135
고따마의 가르침 그 전에 어떤 누구라도
'예전에는 이러했다. 미래에는 이러할 것이다.'라고
예전에 나에게 설명한 것들은,
그것들은 모두 소문에 불과하고,
그것들은 모두 나의 의혹만 증가시킬 뿐이었습니다.

1136
홀로 어둠을 몰아내고, (명상을 위해) 앉은,
빼어난 분, 빛을 비추는 분,
고따마는 큰 지혜를 가진 분입니다.
고따마는 광대한 앎을 지닌 분입니다.

1137
(가르침은) 눈에 보이고, 즉각적인 것입니다.
갈애를 소멸하고, 고뇌가 없는
가르침을 저에게 설하여 주셨습니다.
그분에게 견줄 자는 아무 데도 없습니다."

1138
(바와리가 말했다.)
"삥기야여, 큰 지혜를 지닌 고따마,
광대한 앎을 지닌 고따마 곁에서
그대는 잠시라도 떨어져 살 수 있겠는가?

1139
(가르침은) 눈에 보이고, 즉각적이고
갈애를 소멸하고, 고뇌가 없는
가르침을 그대에게 설하여 주었다고?
그분에게 견줄 자는 아무 데도 없다고?"

1140
"브라흐민이여, 큰 지혜를 지닌 고따마,
광대한 앎을 지닌 고따마 곁에서
저는 잠시라도 떨어져 살 수 없습니다.

1141
(가르침은) 눈에 보이고, 즉각적인 것입니다.
갈애를 소멸하고, 고뇌가 없는
가르침을 저에게 설하여 주셨습니다.
그분에게 견줄 자는 아무 데도 없습니다.

1142
브라흐민이여, 저는 밤낮으로 방심하지 않고,
눈으로 보듯이 마음으로 그분을 봅니다.
저는 그분을 예배하면서 밤을 보냅니다.
그러므로 저는 그분을 떠나
살고 있는 것이 아니라고 생각합니다.

1143
나의 믿음과 환희, 나의 마음,
그리고 마음집중은
고따마의 가르침에서 떠나지 않습니다.
큰 지혜의 분이 어느 방향으로 가시든
그 방향으로 저는 절을 합니다.

1144
저는 늙어서 기력도 없습니다.
그래서 내 몸은 그곳에 갈 수가 없습니다.

그러나 생각은 항상 그곳으로 갑니다.
브라흐민이여, 내 마음은 그분과 맺어져 있습니다.

1145
(갈애의) 진흙탕에 누워 허우적거리면서
이 섬에서 저 섬으로 떠다녔습니다.
그때 저는 (윤회의) 홍수를 건넌,
번뇌에서 벗어난,
온전히 깨달으신 분을 보았습니다."

1146
(존귀하신 분이 말씀하셨다.)
"왁깔리, 바드라우다, 알라위 고따마가
믿음에 의해 (의혹에서) 벗어난[118] 것처럼
그와 같이 그대도 또한
믿음에 의해 (의혹에서) 벗어나십시오.
뼁기야여, 그대는 죽음의 영역 그 너머로 갈 것입니다."

1147
"저는 성자의 말씀을 듣고서
더욱더 신뢰하게 되었습니다.
온전히 깨달은 분은 덮개를 걷어 내고,
(마음의) 황무지가 없고, 지혜를 갖춘 분입니다.

1148

(모든 신들과) 최고신을 아시며,
높고 낮은 모든 것들을 다 아십니다.
스승은 의혹을 가진 사람들의
질문을 받으시고 그 끝을 내셨습니다.

1149

확실히 저는, 동요가 없고, 흔들리지 않는,
어디에도 비교할 수 없는 경지에 도달할 것입니다.
이것에 대해서 의심할 여지가 없습니다.
이처럼 마음이 확고한 사람으로 저를 아십시오.”

부록

숫따니빠따 이해를 위한
배경 설명

1. 빠알리어(Pāli)란 무엇인가

부처님이 말씀하신 언어가 제자들에게 구전되어 스리랑카
에서 기원전 94~80년경에 체계적으로 쓰이게 되었다. 이렇
게 쓰인 경전의 언어를 '빠알리어'라 하며 빠알리어로 쓰인
경전을 '빠알리 경전'이라고 한다. 그러므로 빠알리어란 초
기불교 경전 언어라 할 수 있다.

　현재 남방불교 국가인 미얀마, 태국, 스리랑카, 캄보디
아, 라오스는 나라는 각각 다르지만, 오렌지색 가사를 입은
스님들은 빠알리어로 서로 의사소통을 하고, 빠알리어로 된
경전을 합송하고 예식에도 사용한다. 빠알리 경전 언어는
남방불교권의 공통 언어인 셈이다.

　빠알리어라는 명칭이 붙기 전에는 마가다어(Magadha-
nirutti)라고 불렸다. 마가다어는 갠지스 강을 중심으로 한 마

가다 지방의 언어였다. 부처님은 그 당시 가장 큰 나라였던 마가다 국을 중심으로 활동하셨고 가르침을 펴셨다. 당연히 부처님은 마가다어로 가르치셨다. 빠알리어란 구전으로 전해진 부처님의 가르침을 토대로, 방언이 섞인 것에 의하여 만들어진 경전 언어이다.

2. 빠알리 경전은 언제, 어디서, 어떻게 쓰였나

부처님 제자들은 부처님 열반 후 3개월째에 1차 결집을, 부처님 열반 후 100년 후에 2차 결집을, 기원전 약 250년 아소까 왕 때에 3차 결집을 거치면서 구전으로 전승된 부처님의 가르침을 문자로 집대성했다. 이때는 이미 낱개로 쓰인 경전이 있었다고 추정된다. 3차 결집 후 이웃 나라에 담마 사절단을 파견했을 때, 아소까 왕의 아들인 마힌다 장로는 다른 동료 네 명과 함께 스리랑카에 삼장과 주석서를 모두 가지고 가서(부분적으로 쓰였다고 생각됨) 스리랑카에서 빠알리 삼장을 전승하였다. 그 후 기원전 94~80년경에 스리랑카에서 전체 빠알리 삼장을 체계적으로 집대성했다. 그러므로 빠알리 대장경은 부처님의 가르침이 그대로 전해진 경전이라 할 수 있다.

3. 숫따니빠따의 역사

이 경은 빠알리 삼장 중 가장 고(古)층에 속하는 경전이다. 원형은 부처님 재세시까지 올라간다. 부처님 열반 후 3개월째에 1차 결집이 이루어진다. 이때 합송된 것이 낱낱의 경으로 존재하다가 나중에 집성되었다고 본다.

숫따니빠따 중에서 가장 오래된 부분은 1장 3 「코뿔소 뿔의 경」, 4장 '여덟의 장'과, 「서시」를 제외한 5장 '피안 가는 길의 장'이다. 이것들은 같은 쿳다까 니까야 중의 하나인 「닛데사」(Niddesa)에 완벽한 주석을 가지고 있기에 그 역사가 가장 오래된 경전이라고 간주된다.

숫따니빠따에는 승원이 존재하기 전, 숲에서 수행하는 비구들의 삶에 대한 내용만 있는 것으로 보아서, 부처님 교화의 가장 초창기의 일들이기에 그 고층성이 증명된다.

숫따니빠따의 중요성은 부처님 열반 후 약 180년 후의 왕인, 아소까(기원전 약 250년) 왕의 바이라트 각문에 새겨져 있다. 아소까 왕이 추천한 일곱 개의 경전 중에서 세 개가 숫따니빠따에 들어 있는 경전과 일치한다고 학자들은 밝혀냈다.

① Muni-gāthā(성자의 게송)은 Muni-sutta(1장 12 「성자의 경」)와 일치.

② Moneya-sūte(성자의 길에 대한 말씀)은 Nālaka-sutta(3장 11 「날라까의 경」)와 일치.

③ Upatisa-pasine(우빠띠사의 질문)은 Sāriputta-sutta(4장 16 「사리뿟따의 경」)와 일치.

「성자의 경」은 성자의 삶에 대한 부처님 말씀이고, 「날라까의 경」은 날라까가 '성자의 길'에 대해 질문을 하고 부처님이 성자의 길에 대한 감동적인 말씀을 하신 경전이다. 「사리뿟따의 경」은 수행자가 말과 행동을 어떻게 해야 하고 어떻게 수행해야 하는지에 대해 사리뿟따가 질문을 하고, 부처님이 답을 하신 경전이다. 우빠띠사는 사리뿟따의 속명이다.

이 경전들은 아소까 왕이 선별할 정도로 그 중요성이 인정된 고층에 속하는 경전임이 분명하다.

빠알리어 경전은 다섯 개의 니까야로 나뉘어 있다. 그중 쿳다까 니까야(Khuddaka Nikāya)는 15개의 독립된 경으로 되어 있는데, 여기에 숫따니빠따가 들어 있다.

4. 숫따니빠따의 제목, 구성, 언어

숫따니빠따(Sutta-nipāta)는 'sutta'와 'nipāta'의 합성어로, 'sutta'는 '경'을 뜻하며 'nipāta'는 '이음, 연결, 장, 절, 집성'의 뜻을 가진다. 이를 조합하면, 숫따니빠따는 '경의 연결', 즉 '경의 모음'이라 할 수 있다.

숫따니빠따는 다섯 개의 장으로 나뉜다. 그런데 5장을 제외한 각 장의 경들은, 서로 연관성이 없는 각기 다른 경들로 이루어져 있다. 전체 게송의 수는 1,149개이다.

숫따니빠따는 아주 고층의 언어 형태를 가지고 있는데, 고대 베다의 언어 형태가 많이 발견된다고 한다.

이 경전의 내용이 그대로 또는 부분적으로 다른 니까야에

인용되고 있다. 완전히 일치하는 7개의 경이 있고, 부분 일치하는 7개의 경이 있다.

5. 숫따니빠따의 내용

중요한 내용들을 간추려 본다.

- 바른 삶: 5계의 가르침, 바른 윤리, 도덕적인 바른 삶, 바른 성품을 강조한다.
- 윤회에서 벗어남: 이것은 아주 큰 주제를 이룬다.
- 감각적 쾌락, 갈애, 집착, 욕망, 탐욕, 성냄, 어리석음, 번뇌, 괴로움에서 벗어나야 한다고 누누이 강조한다.
- 홀로 있는 한적함, 고요함, 평온, 정진, 해탈, 열반, 노력, 청정한 삶을 누누이 강조한다.
- 성자의 삶은 가장 이상적인 삶: 성자의 삶을 따르면 윤회를 벗어난다.
- 출가 비구들에게 주신 가르침: 탁발하고, 숲에서 사는 출가자의 언행에 대하여 많은 가르침이 설해져 있다.
- 출가 권장: 재가의 삶은 먼지가 쌓이는 삶이고 출가는 자유의 공간이다.
- 부처님의 깨달음과 훌륭함을 찬탄: 가장 상위 계급인 브라흐민조차도, 다른 교단의 수행자들도 부처님을 찬탄하고, 가르침을 듣고 출가하는 자가 많았다.
- 논객들의 논쟁: 다른 교단의 수행자들, 브라흐민, 사상가들은 논객을 자처하면서 논쟁하는 일이 많았음을 보여

준다.

- 많은 브라흐민 학인들이 질문을 하고, 부처님이 대답을 하는 내용이 많다.
- 비구니 승단이 있기 전의 내용: '비구니'라는 단어가 전혀 없다. 그러니 비구니 승가 성립 전의 가르침이었음을 알 수 있다.
- 존재하는 모든 것들의 행복을 바라는 부처님의 자비를 볼 수 있다.

6. 숫따니빠따의 특징

단순, 소박, 순수한 게송 속에 주옥같은 진리의 정수를 담고 있어 감명을 준다. 구전의 특징인 짧은 게송, 같은 구절의 판에 박은 되풀이를 볼 수 있다. 산문체의 경들은 나중에 첨가되었다고 볼 수 있다.

「코뿔소 뿔의 경」이나 「날라까의 경」 같은 것은 모든 이, 특히 출가승에게 주옥같은 가르침을 준다. 삥기야의 「피안 가는 길의 경」은 숫따니빠따의 결론의 경으로 손색이 없다. 부처님을 향한 간절한 마음을 이렇게 아름다우면서도 절절하게 표현한, 다른 어느 니까야에도 없는 빼어난 걸작이다. 어떤 고전에 이런 아름다운 게송이 있을까? 이 경만 읽어 보아도 부처님이 어떤 분인지 짐작할 수 있다.

잡다한 불의 숭배나, 미신, 점치는 일, 많은 신들이 판치던 때에 부처님은 이것들에 관심 두지 않고 이런 허황된 것

들을 금하셨다. 부처님의 바른 견해, 바른 생각을 충분히 볼
수 있다.

숫따니빠따의 큰 특징은 승원이 존재하기도 전, 가장 초
기의 부처님 가르침과 그 제자들의 삶을 볼 수 있다는 점이
다. 그들은 숲 속 생활의 온갖 어려움과 유혹에 당면하고,
탁발의 어려움에 부딪쳤다. 그렇지만 부처님은 소유를 한
안락한 삶이 아닌 무소유를 제자들에게 가르쳤다. 이런 삶
이었기에 가르침도 순수, 소박, 단순할 수밖에 없다.

4성제에 대한 교리가 단순한 형태로 언급되어 있다. 4성
제는 가장 최초의 다섯 명의 제자들에게 주신 가르침, 즉 초
전법륜이다. 교리적으로도 논리적이고, 현학적이고, 체계적
이고, 발전된 교리는 전혀 볼 수가 없다.

초기 불교가 싹틀 당시 사회의 습속이나 그 당시의 지명
이 언급되어 있고, 다른 종교가들의 상황에 대한 중요한 정
보를 준다.

7. 숫따니빠따의 주석서

쿳다까 니까야 15개의 경전 중 하나인 「닛데사」(Niddesa)는
숫따니빠따의 주석서이다. 닛데사는 숫따니빠따의 1장 3 「코
뿔소 뿔의 경」, 4장 '여덟의 장', 그리고 「서시」를 제외한 5장
'피안 가는 길의 장'의 완벽한 주석서이다. 「닛데사」는 사리
뿟따의 주석으로 알려져 있다.

붓다고사의 저작으로 알려진 『빠라맛타조띠까』(Paramattha

jotikā)는 숫따니빠따의 인연담을 포함한 상세한 주석을 담고 있다.

8. 숫따니빠따의 번역

1874년 무투 꾸마라스와미(Cumaraswamy Sir Muttu)에 의한 부분 번역을 필두로, 1880년 빈센트 파우스뵐(Vincent Fausböll)의 완역 영역본이 있었고, 그 후 빠알리성전협회(Pali Text Society)에서 체계적으로 게송 번호도 붙이고 교열하여 번역을 하였으며, 이어서 여러 영역본이 출판되었다.

중국에는 부분 번역은 있어도 전체가 번역된 적은 없다. 한국에는 법정 스님의 번역본 외에도 여러 번역본들이 있으나 일역 아니면 영역이다. 유일한 원전 번역은 전재성 박사의 인연담을 포함한 방대한 주석을 단 번역본이 있다.

9. 담마(Dhamma)의 뜻

빠알리 경전은 부처님의 말씀을 '담마를 설하셨다, 부처님이 가르치신 담마, 담마는 잘 설해졌다, 의미를 갖춘 담마, 붓다 담마 승가, 담마의 바퀴' 등 부처님의 가르침은 모두 '담마'로 표현하고 있다. 이 경우는 '가르침'이라고 번역하는 것이 합당할 것이다.

그런데 어떤 경우에는 가르침이라는 의미보다 진리나 우주 현상, 대상, 바른 길 등 광범위한 함축을 가지고 있기 때문에 담마를 '가르침'이라는 한 단어에 국집할 수는 없다.

그래서 가르침이라는 한 단어에 한정하기보다는 그냥 '담마'로 번역하는 것이 좋을 것 같다.

담마를 '법'(法)이라고 한역하고 '부처님의 담마'를 '불법'으로, '붓다 담마 승가'를 '불법승'으로, '담마의 바퀴'를 '법륜'으로 한역하고 있다. 그러나 '법'이라는 번역은 의미가 한정돼 있어 '담마'의 뜻을 명쾌하게 드러내지 못한다.

담마의 원류는 부처님 이전부터의 '바른 의무나 덕성스러운 길'의 뜻을 갖는 인도의 정신적이고 종교적인 용어이다. 담마는 인도철학을 통하여 우주의 진리나 최상의 실체 등을 설명하기 위해 사용되었다. 인도의 고유 종교인 힌두교, 자이나교, 불교, 시크교 등은 모두 담마라는 용어를 사용하고 있다.

담마의 넓은 의미로는 바른 행동, 도덕적 가르침, 우주적인 법칙, 교리, 상태, 도덕적 행위, 현상, 정의, 대상, 개념, 진리, 바른 길, 교훈, 성질, 조건, 요소, 본성 등 다양하다. 부처님은 이런 다양한 훌륭한 뜻을 지닌 용어인 담마를 채용하여 당신의 가르침을 표현할 때 담마라고 하였다.

그래서 좁은 의미로는 '부처님의 가르침'이라고 할 수 있으나 그 함축적 의미는 이런 다양한 훌륭한 뜻이 내포되어 있다고 할 수 있다.

이와 같이 볼 때, '담마'의 뜻은 하나로 한정할 수 없으며 문장의 뜻과 문맥에 따라서 함축된 의미 중에서 더 합당한 뜻을 찾는 것이 담마의 뜻을 찾는 바른 길일 것이다.

주석

1) '이세상 저 세상'(orapāra): 이쪽 언덕과 저쪽 언덕을 말하는데, 그것은 이 세상과 그 너머의 세계, 즉 저 세상을 뜻한다. 초기경전을 꿰뚫고 있는 이 세상 저 세상은, 이 세상에 다시 태어나는 것도 아니고, 저 세상인 천상에 태어나는 것도 아니고, 윤회로부터 벗어나는 것을 말한다.

2) 갈애(taṇha): 끝없는 인간의 갈증, 채워지지 않는 욕망, 목마름을 말한다.

3) 실체(sāra): 존재하는 모든 것은 찰나 변하기 때문에 변치 않는 실체는 없으며, 영원히 변치 않는 것은 없다는 가르침이다.

4) '어떤 형태의 존재도 초월한 수행자'란 6도에 윤회하는 어떤 존재의 형태에서도 벗어난 사람을 말한다.

5) 희론(papañca): 정신적인 성숙을 방해하는 잘못된 견해, 착각, 망상, 집착, 교만 등이 지어내는 온갖 현상들을 말한다.

6) 다섯 가지 장애: ① 감각적 욕망, ② 악의, ③ 게으름과 무기력, ④ 흥분과 회한, ⑤ 의심.

7) 「다니야 경」은 농부가 추구하는 안락한 삶과 부처님이 추구하는 깨달음의 수행자의 삶을 대비하고 있다.

8) '악취 나는 덩굴'(pūtilata): 똥이나 오줌 등 악취 나는 더러움으로 가득 찬 육신을 말하며, '덩굴을 부순다'는 말은 육신을 벗어나 다시는 윤회하지 않는다는 뜻이다.

9) 코뿔소는 뿔이 하나다. '혼자서 가라'는 뜻을 강조하기 위해 뿔이 하나인 코뿔소를 등장시키고 있다.

10) '사방에 속해 있는'(cātuddisa): 초기의 부처님 제자들은 정해진 승원이나 거주처 없이 온 사방 어느 곳이든 유행하며 수행하였다. 그러니 사방팔방 어느 곳이든 그들의 집이었기에 사방에 속해 있다.

11) 두 개의 팔찌가 한 팔에서 서로 부딪치듯이 여럿이 있으면 서로 부딪칠 수밖에 없다. 그러니 혼자서 가라는 뜻이다.

12) 꾸밈이란 장식하는 것을 말한다. 출가자의 꾸밈은 목에 화환을 건다든지, 좋은 가사, 좋은 발우를 갈망하는 것이다. 어떤 치장이든 다 꾸밈에 속한다.

13) 그물에 잡힌 물고기는 그물을 찢으면 자유로워져 더 이상 그물에 가두이지 않는다. 불탄 곳은 또다시 불이 붙지 않는다. 그처럼 완전히 속박을 벗어나면 또다시 묶이지 않고 자유로워진다는 가르침이다.

14) 다섯 가지 장애: 게송 17의 주석 6을 보시오.

15) '브라흐민'이라는 용어는 한국에서는 '바라문'이라고 써 왔는데 원문은 브라흐마나(brāhmaṇa)로 제관 계급의 사람을 말한다. 관련 용어를 보면:

Brahma(브라흐마): 힌두 신으로 창조신이다. '범천'으로 한역되었다.

·brahman(브라흐만): 전지, 전능, 불변, 영원, 초월적인 존재로

아뜨만과 동일시된다.

brahmin(브라흐민): 제관을 말함. 이 용어는 원문인 brāhmaṇa 를 영어로 옮기면서 파생되어 brāhmaṇa 대신 사용되기 시작한 것으로, 현대 학자들은 대부분 brahmin을 사용한다.

16) 붓다(Buddha): 원어는 부처님 명칭 중 하나인 세존(Bhagavant) 이지만 여기서는 부처님으로 번역한다. 부처님을 일컫는 세계 공통 명칭은 빠알리어 그대로 'Buddha'이다. Buddha는 '깨달은 분, 진리의 지혜가 가장 으뜸인 분'이란 뜻이다.

17) 고따마(Gotama): 부처님의 성씨이다. 'go'는 소를 뜻하며, 'tama' 는 최상급의 표현이므로 고따마란 '가장 훌륭한 소'란 뜻이다. 그래서 경전에서 부처님을 황소에 비유하고 있다.

18) 담마(dhamma)의 뜻은 다양하다. 좁은 의미로는 부처님의 '가르침'이지만 그 외에 '진리, 정의, 덕성, 현상, 선함' 등 온갖 좋은 의미를 포함한다. 그러므로 그대로 담마로 하였다.

19) '온전히 해 마친'(kevalin): 수행을 성취하여 깨달음을 이룸을 말함.

20) 마부(sārathi)가 말을 바른 길로 잘 이끄는 사람이듯이, 부처님은 사람들을 바른 길로 이끄는 자 가운데 가장 훌륭한 분임을 뜻함.

21) 사마나(samaṇā): 일정한 거주처 없이 유행하며 수행하는 사람이란 뜻으로, 출가 수행자를 말하며 '사문'으로 한역되었다.

22) '밤이 기울어서'라는 구절이 뜻하는 시각으로는 한밤중을 지나 이른 새벽 3시쯤이 적합할 듯하다.

23) 신(deva): 인도는 다신교의 나라이다. 신이 많다. 경전에서는 이런 신들도 부처님을 경배하고 찬탄한다. 신을 등장시키는 것은 권위를 좀 더 보태기 위한 문학적 표현이라 할 수 있다.

24) 신에게 제사를 지내는 제관(brāhmaṇa)이 작성한 베다에 따르면, 제관을 최고 계급으로 하여 네 가지 계급이 있다. 그런데 부처님이 이 네 가지 계급을 완전히 박살 내고 인간은 모두 평등하

다고 천명하셨기에 제관들은 부처님을 미워하였다. 위와 같이 멸시하는 말을 한 것은 바로 이 때문이다. 또 노예나 어느 누구도 다 출가할 수 있었기에 '천박한 자'라고 한 것이다. 그러나 제관 계급 가운데서도 출가하거나 부처님께 귀의한 자가 많았다.

25) 브라흐민 계급이 만든 마누법전에 제관 계급, 왕족 계급, 평민 계급 등 이 세 계급은 종교적으로 다시 태어나는 의례를 받을 수 있는 특권을 가진 자〔재생족(再生族)〕라고 하였고, 노예 계급은 다시 태어나는 의례를 받지 못하므로 단 한 번만 태어나는 자〔일생족(一生族)〕라고 하여 노예 계급을 천대하였다.

26) 아라한(arahant): '가치 있는, …을 받을 만한'이란 뜻으로 불교이전부터 고위 관리에 대한 존칭으로 사용되었다. 불교에서는 깨달음을 성취한 성자를 아라한이라고 하였다.

27) '천민 마땅가'(Sopāka Mātaṅga): 「마땅가 자따까」(Mātaṅga Jātaka)에 나오는, 천민으로 태어난 부처님 전생에 대한 이야기이다.

28) 짠달라(caṇḍala): 사성 계급에도 속하지 않는 최하층 천민 계급을 말한다. 이들은 가축 도살, 똥이나 오물 치우기, 시체 다루기 등 가장 더러운 일에 종사하였다.

29) 만따(manta): 베다어로 만뜨라를 말하는데 베다의 교리, 특히 베다의 주문을 말한다.

30) 이 경은 상좌불교국의 스님들이 각종 의식이나 예식, 예불, 방문 시, 행사 등에서 가장 많이 합송되는 유명한 경전이다. 이 경전은 부처님의 모든 존재에 대한 한량없는 자비를 잘 나타내고 있다.

31) 약카(yakkha)는 정령, 도깨비, 요정, 귀신을 말하며, 엄청난 힘을 가진 존재로 인간을 돕기도 하고 해치기도 한다. '야차'로 한역되었다. 고대 경전에는 자주 여러 신들과 약카가 등장하는데

이것은 부처님을 찬탄하기 위하여 또는 부처님 가르침을 표현하는 한 방식으로 사용된 하나의 문학적인 형식이라 할 수 있다.

32) '포살'로 한역된 우뽀사타(uposatha)는 보름날 승가 대중이 모여서 수행을 다지고 계율을 다시 확고히 하기 위한 행사이다.

33) 한국에서 부처님이라 흔히 말하는 부처님의 빠알리어는 '붓다(Buddha)'이다. Buddha의 뜻은 '깨달은 사람, 진리에 대한 지혜에 의하여 신과 인간과 모든 존재 가운데서 가장 으뜸인 사람'이란 뜻이다. 그래서 이 세상 어느 나라에서든 빠알리 원어 그대로, 부처님은 'Buddha'라고 쓰고 '붓다'라고 발음한다. 부처님 외에 이 세상 어느 성인이라도 '깨달은 사람 즉 붓다'라는 명칭이 붙은 사람은 없다.

34) '여섯 가지'란 눈, 귀, 코, 혀, 몸, 마음의 '여섯 가지 감각기관'(6근)을 말한다. 이 여섯 가지 작용에 의해 모든 것이 이루어진다는 뜻이다. 감각기관이 있기 때문에 집착도 있고 괴로움도 있다.

35) 여섯 가지 감각기관(눈, 귀, 코, 혀, 몸, 마음)이 기분 좋은 대상(모양, 소리, 냄새, 맛, 감촉, 현상)을 만나면 쾌락의 감정이 일어난다.

36) 홍수나 바다는 윤회의 세상을 말한다. 홍수를 건너 그 너머로 가는 것은 윤회를 벗어남을 말한다.

37) 이 구절은 원문대로라면 "이것이 있는 것처럼 저것이 있고, 저것이 있는 것처럼 이것이 있다."의 연기의 도리를 말하고 있는데, 여기서는 이 몸과 죽은 송장의 비유이므로 알기 쉽게 의역하였다.

38) '거처(niketa)에서 먼지가 생긴다'는 말은 집에 정주하여 살다 보면 탐, 진, 치 등의 온갖 더러운 먼지가 낌을 말한다.

39) '헤아려지지 않는다'란 말은 성자는 우리 생각의 끝 그 너머에 있다는 뜻이다.

40) '거처'란 육도에 윤회하여 가는 곳을 말한다. 이 게송은 성자가 여섯 가지 윤회의 어느 것도 바라지 않는다는 뜻이다.

41) '행각하다'(carati)라는 말은 걷는다는 뜻인데, 그냥 걷는 것이 아니라 수행자가 한곳에 정주하지 않고 여기저기 걸어 다니며 수행하는 것을 말한다.

42) 고대 인도에서는 목욕하는 냇가에 기둥을 세워 때를 밀 수 있도록 했다. '목욕하는 곳의 기둥'(ogahane thambha)은 사람의 무게를 견딜 만큼 견고했기에 이런 비유를 한 것이다.

43) 상좌불교국에서 예불, 예식, 축복, 가정 방문 시 가장 많이 독송, 합송되는 이 경은, 우주만물에 대한 부처님의 자비를 잘 드러내고 있다.

44) '끊이지 않고 계속 이어지는'(ānantarika): '연속적인, 빈 사이가 없는'이란 뜻으로, 무엇을 하든지 바로 그것에 집중하여 이런 집중이 계속되는 상태를 말한다. 이때 흩어짐 없는 강한 삼매를 얻는다.

45) '네 쌍으로 되는 여덟 분': 깨달음의 네 단계(예류자, 일래자, 불환자, 아라한)에 속한 사람과, 그 단계로 나아가는 수행의 네 가지 과정(예류도, 일래도, 불환도, 아라한도)에 있는 사람들을 일컫는다.

46) '불사에 뛰어들어'(amataṃ vigayha): 윤회에서 벗어나 또다시 죽을 일이 없음을 뜻한다.

47) 일곱 번까지는 윤회를 하지만, 여덟 번째는 더 이상 윤회하지 않는다는 뜻이다.

48) 변치 않는 실체인 자아가 있다는 그릇된 견해를 말한다.

49) 네 가지 나쁜 상태: 6도 윤회 중에서 천상, 인간을 제한 나머지 넷, 즉 지옥, 아귀, 축생, 아수라.

50) 여섯 가지 큰 죄: ① 어머니 살해, ② 아버지 살해, ③ 아라한 살

해, ④ 부처님을 상해함, ⑤ 승단을 분열시킴, ⑥ 그릇된 견해를 가짐.

51) 여래(tathāgata. 따타가따): 부처님에 대한 별칭으로 문자적 뜻은 '이와 같이 오신 분 또는 이와 같이 가신 분'이다. 그러나 더 중요한 뜻은 '아라한'에 대한 칭호이며, '진리를 통해 승리한 사람'이라는 뜻이다. '여래'로 한역되었다.

52) 이 경은 사꺄무니 부처님의 전생 부처님인 깟사빠 부처님과 브라흐민 사이의 대화이다. 아마간다(āmagandha)는 문자 그대로 하면 '날고기 냄새'라는 뜻인데 '비린내'라고 번역하였다.

53) 상좌불교국에서 예불, 예식, 축복, 가정 방문 시 가장 많이 독송, 합송되는 이 경은, 사람들의 행복을 위한 부처님의 빼어난 가르침을 담고 있다.

54) 다섯 가지 감각의 쾌락이란 '모양, 소리, 냄새, 맛, 감촉'의 감각 대상에 의한 감각적 쾌락을 말한다.

55) '범천'으로 한역된 브라흐마(Brahma) 신은 신 중에서 최고신이다. 브라흐마 신의 보물이란 베다나, 베다에 근거한 바른 삶이라 할 수 있다.

56) 브라흐민 계급은 가장 상위 계급이기에, 아래 계급과의 결혼은 순수한 그들의 혈통을 더럽힌다고 하여 금기시되었다.

57) 그 당시 브라흐민이 고안한 제사의 종류로, 소마(soma)는 술의 신을 뜻하는데 신성한 술을 올리는 것이고, 장애 없는 제사는 일종의 말의 희생제라 한다.

58) 좋은 신인 데와(deva), 최고신인 인드라(Indra), 나쁜 신들인 아수라(asura)와 나찰(rakkhasa)까지도, 조상들까지도, 모두 '옳지 않다'고 소리쳤다는 당위성을 보이고 있다.

59) '브라흐마 신의 친척'은 브라흐마 신이 최고 계급으로 만들어 놓은 제관 계급을 말한다.

418

60) 태생에 따라 네 가지 계급이 갈리는데, 이 계급에 대한 관념이
무너지고 쾌락 추구가 등장함을 말한다.

61) '다섯'은 다섯 가지 감각기관(눈, 귀, 코, 혀, 몸)을 정복하여 완
전히 절제하게 되었다는 뜻이다.

62) 형성(saṅkhāra): 생각과 말과 행동을 일으키는 인자로서 선과
악을 형성하여 업을 만든다. saṅkhāra에는 '만든다, 쌓는다'는
뜻이 있다.

63) 게송 400의 여섯 가지 계율과 게송 401의 두 가지 계율(화환과
향수는 하나로 침): 구족계를 받기 전까지의 출가 사미가 지켜
야 할 열 가지 계율 중에서 여덟 가지를 말하고 있다. (율장 마
하왁가 1편 56)

64) 게송 400, 401의 계율 여덟 가지는 출가자에게 주어진 것이다.
그 당시는 승원이 건립되기 전, 또는 고행이나 수행 목적으로 숲
에서 수행할 때, 땅 위에 깔개를 깔고 자야 냉기나 벌레들로부터
피할 수 있기 때문이다. 계율로까지 정하여 제자들을 염려하는
부처님의 자비를 볼 수 있다.

65) 우뽀사타(uposatha): '포살'로 한역됨. 출가 대중들이 함께 모
여 계율을 외우고 가르침을 기억하고, 잘못을 참회하고 수행을
바로 세우기 위한 예식이다.

66) 예를 들면 2월은 총 28일이므로 보름이면 14일이 되며, 30일인
달은 보름이면 15일이 된다.

67) 게송 400의 주석 63을 보시오.

68) 아난다 존자가 부처님 출가에 대해 설한 경으로 알려져 있다. 그
는 부처님 후반부 25년 동안 시자를 지내며 부처님의 모습과 가
르침을 꿰뚫어 아는 제자이다.

69) 악마의 등장은 문학적 표현으로, 부처님이 출가하여 6년 동안 극
단적인 고행을 할 당시의 육신의 변화에 따른 내면의 반응을 보

419

여준다. 어려운 고행을 하면서 육신에 생기는 여러 현상들을 이
겨 내는 굳건한 모습을 볼 수 있다.

70) 436, 437번 게송은 주어를 명사로 일치시키고 어순도 일관성 있
게 배치하였다.

71) 고대 인도에서는 문자(muñja) 풀을 항복의 표시로 입에 물었다
한다. 여기에서 문자 풀을 지닌다는 것은 항복을 뜻한다. 이 게
송에서는 마라에게 항복하지 않겠다는 뜻이다.

72) '잘 가신 분'(sugata): 바른 길로 잘 가신 분이란 뜻으로 부처님
의 열 가지 호칭 중 하나이다.

73) 부처님은 왕자의 신분으로 출가하였지만, 모든 부귀영화를 다
버린 지금은 왕자가 아니라 오직 수행자라는 뜻이다.

74) 라후(Rāhu): 인도 신화에 등장하는 아수라의 이름인데, 라후가
달과 해를 삼키기 때문에 일식과 월식이 있다고 인도 신화는 말
한다.

75) 동등한 이들이란 부처님 전생의 여섯 분 부처님들을 말한다. 부
처님은 이분들과는 같지만 그 외의 중생들과는 아주 다르다는
뜻이다.

76) 자아(attā)를 보지 않는다는 말은 고정되고 변치 않는 영원한 자
아의 실체는 없다는 가르침이다.

77) '세 가지'란 게송 507의 욕망에서 떠남, 사악함의 제거, 한량없는
자애의 마음을 닦음을 말한다.

78) 깔란다까니와빠(kalandakanivāpa): 빔비사라 왕이 부처님께
보시한 대나무 숲에 있는, 다람쥐를 위해 먹이가 정기적으로 주
어지는 장소이다. 이 숲에 죽림정사를 지었다.

79) '모순된 생각'으로 번역한 빠빤짜(papañca)는 '장애, 방해, 착각'
이라는 뜻을 지닌다. 수행에 걸림돌이 되는 papañca는 사실적
이지 않고 이치에 맞지 않는 모순된 생각으로, 사람을 혼란스럽

게 만들고 번뇌 망상을 일으킨다.

80) '몸과 마음'은 '나마 루빠'(nama rūpa)의 의역이다. nama는 '이름'이라는 뜻이지만, 여기서는 정신적 요소의 집합이라 할 수 있다. rūpa는 '모양'이라는 뜻인데, 눈에 보이는 물질과 육신도 모양이라 할 수 있다.

81) '세 가지 생각'이란 탐욕, 성냄, 어리석음을 말한다.

82) 보통 사람과는 다른 부처님 몸의 32가지 훌륭한 특징을 말한다. 이는 부처님의 초인적인 면모를 드러내고자 한 것이라 볼 수 있다. 확실히 부처님은 사람을 압도하는 빼어난 지도력이 있었고, 외모나 풍채 등도 출중했고, 인격이나 성품 등 모든 면에서 보통 사람과는 견줄 수 없는 위대한 성인이었다.

83) 부처님은 초기경전 여러 곳에서 분명히 기적을 하찮은 것이라고 금하셨고, 제자들에게 신통을 금하고, 점치는 것 등을 금하셨다. 그런 분이 기적을 행하셨다고 하는 것은 이치에 맞지 않는다. 따라서 이러한 표현은 후대에 부처님의 위대함을 드러내고자 사용된 것이라고 볼 수 있다.

84) 잠부(Jambu) 나무가 많은 인도를 말한다.

85) 사리뿟따(Sāriputta) 존자는 부처님 제자 중에서 가장 빼어난 지식과 덕성을 갖추어 비구들의 존경을 받았다. 그러나 불행하게도 그는 부처님보다 일찍 세상을 떠났다. 만일 그가 부처님보다 더 오래 살았다면 불교 교리는 더 완벽하게 정비되었을 것이다.

86) 발우에서 손을 내린다는 말은 음식을 다 드시고, 발우까지 다 씻어 챙긴 후를 말한다.

87) 유명하고 중요한 베다의 찬가이다.

88) 코끼리는 부처님의 상징이기에 그 제자들에 대해서도 코끼리라고 한 것이다.

89) 게송 620~647은 담마빠다의 26장 「브라흐마나의 게송」

396~423과 완전히 동일하다. 담마빠다에서나 숫따니빠따에서
나 이 게송들의 실질 내용은 아라한, 부처님에 대한 내용과 전혀
다를 바가 없다. 그래서 담마빠다에서는 브라흐마나를 아라한과
동일시한다.

90) 주석서에 의하면 가죽 띠는 증오, 가죽 끈은 갈애, 밧줄은 잘못
된 견해, 빗장은 어리석음을 비유한다.

91) 나하따까(nahātaka): '목욕을 한 사람'이라는 뜻. 목욕하여 깨
끗한 사람처럼, 번뇌나 악한 것들을 씻어 버린 분이란 의미이다.

92) 빠두마(paduma): 연꽃을 말하는데 특히 붉은 연꽃이란 뜻이
다. 여기서는 지옥의 이름으로 '홍련지옥'으로 한역되었다.

93) 맛지마 니까야 63에서 수낙캇따 비구는 부처님이 신통기적도 보
여 주지 않고 세상의 기원도 말해 주지 않기 때문에 속퇴하겠다
고 말한다. 맛지마 니까야 63에 부처님은 말룽꺄뿟따의 열 가지
형이상학적 질문에 대답하지 않으시고 이런 것들은 수행에 도움
이 되지 않고 청정한 삶의 근본에 적합지 않다고 말씀하신다.

부처님은 초기경전 여러 곳에서 이런 허황된 추론, 논리, 이론 등
을 강하게 비판하셨다. 그런 부처님이 이런 허황된 지옥의 기간
에 대하여 말씀하셨을 리가 결코 없다. 부처님은 결코 이런 황당
한 가르침을 주시는 분이 아니다. 경전에서는 후대에 첨가되었다
고 여겨지는 것이 많이 발견된다.

94) '바른 길로 잘 가신 분'은 수가따(sugata)의 번역으로, 부처님 10
가지 별칭 중에 하나이다. 사리뿟따에게 '수가따'라고 하지는 않
기에, 이 게송은 사리뿟따가 아닌 부처님을 비난하는 사람들을
말하고 있다.

95) 경전이라고 다 부처님의 진설인 것은 아니다. 부처님 가르침의
원형은 적은 분량이고, 후대에 첨가되고 확장된 것이 많다. 상윳
따 니까야 6:10은 「꼬깔리야의 경」과 동일한 경전인데 게송 660

에서 끝난다. 「꼬깔리야의 경」에는 게송이 678까지 있다. 「꼬깔리야의 경」에서 부처님 가르침의 원형은 적은 분량이었는데 후대에 첨가, 확대한 것이라고 여겨진다. 왜냐하면 부처님의 진정한 가르침이나 모습과는 너무나 동떨어진 내용들이기 때문이다. 부처님은 악인과 남의 교단 사람도 포용하고 동정하였다.

더구나 지옥에 떨어져 형벌받는 자의 모습을 그린 667~678의 12개 게송은 읽기에도 끔찍하고, 잔인하고, 몰인정하고, 무시무시하다. 부처님을 상징하는 가르침은 자비이다. 착한 사람에뿐만 아니라 악한 사람에게도 연민의 정으로 자비를 베풀어 악에서 떠나도록 이끄는 것이 부처님의 자비이다.

앙굴리마라는 살인자였지만 부처님은 자비로 그를 받아 주시고 악에서 떠나도록 하셨다. 부처님은 거짓으로 위장 출가한 수시마(상윳따 니까야 12:70)도 용서하고 받아 주셨다.

지옥을 상상해서 꾸민 내용은, 내용을 덧붙인 사람의 상상일 뿐 부처님의 가르침은 결코 아니다. 이것이 부처님의 이름을 남용하여 부처님의 가르침을 헐고 있는 경우이다. 그래서 역자는 읽기에도 끔찍한 12개의 게송(667~678)을 이 책에 싣지 않기로 했다.

96) 이 경은 아소까 왕(기원전 250년경의 왕)의 바이라트 바위 각문에 선명히 새겨진 것으로, 아소까 왕이 끊임없이 읽기를 당부한 7개의 경전 중 하나이다. '성자의 길에 대한 말씀'(Moneya-sutte)으로 새겨졌다. 「날라까의 경」에서 날라까는 '성자의 길'에 대하여 부처님께 질문을 하고 있다.

97) 아시따(Asita) 선인은 장차 부처님이 된 이 아기의 조부 시하하누(Sīhahanu) 왕의 사제였고, 또한 부처님의 부친 숫도다나 왕의 스승이었다. 시하하누가 세상을 떠나자 그도 세상을 등지고 수행에 몰두하여 신통력이 생겼다. 그래서 장차 부처님이 된 싯

닷타(Siddhattha) 왕자의 탄생을 알았고 아기를 보러 간 것이다. 여기 서두에 신들의 이야기가 나오는 것은 어떤 이야기 본론 앞에 등장시키는 문학적 표현이라고 보면 된다.

98) 보디삿따(bodhisatta): '깨달음을 추구하는 존재'라는 뜻으로 깨달음을 얻기 전 수행자 고따마를 말한다.

99) 부처님을 상징하는 것으로는 법륜, 연꽃, 보리수, 말, 황소, 사자 가 있다.

100) 보개(chatta): 임금의 의자인 보좌 위의 덮개인데 양산과는 다르다. 양산은 가운데 대가 하나인데 보개는 네 개의 모서리마다 대가 있다.

101) 명상할 때의 기본자세를 말한다. 배의 호흡을 관찰하는 것은 위빠사나 명상에서 아주 중요한 것이다. 배의 호흡의 관찰은 강한 집중이 된다.

102) 이 게송은 '네 가지 거룩한 진리'를 아주 분명하게 설명하고 있다. 부처님이 가장 최초로 다섯 명의 제자들에게 가르치신 것이다.

103) 이것들이란 바로 위 게송에 나오는 모양, 소리, 맛, 냄새, 감촉, 현상을 말한다.

104) 왜 60명인가? 가장 초창기에 비구 60명이 깨달음을 얻었을 때 부처님은 그들에게 전법선언을 하신다. 그리고 그들에게 "가서 중생의 이익을 위하여 가르침을 설하라."고 말씀하신다.

105) 비구가 자신의 본분사인 수행을 소홀히 하고 외부의 온갖 일들에 몰두하는 것으로 자신의 수행을 먼저 챙겨야 한다는 뜻이다.

106) 한곳에 안주하고 머물면 집착이 생기기 때문이다. 집착은 쌓아 모으는 탐욕으로 이어지기 때문이다.

107) 불교 수행의 마지막 단계인 4선정은 좋고 싫음, 선과 악, 욕심과 덕행, 기쁨과 성냄 등 양극단의 모든 감정을 초월하여, 어디

424

에도 치우치지 않고 흔들리지 않는 평정에 도달하는 것이다. 평정은 치우친 감정을 초월하여 초연히 머무는 것이다.

108) 존재의 여러 형태, 즉 6도에 윤회하는 존재에서 벗어났음을 말한다.

109) '배열'로 번역한 위유하(viyūha)는 '배치, 배열, 정렬'이란 뜻을 가지며, 군대가 전쟁하기 위해서 줄을 길게 지어 서는 것을 말한다. 4장 12와 13의 제목은 다른 교단의 수행자들이나 사상가들, 논객이라 자처하는 달인이라는 사람들이 서로 논쟁을 벌여 다투는 모습을 표현하고 있다.

110) '축성된'으로 번역한 abhisitta의 원뜻은 '기름 바른, 신성하게 된'인데, 종교의식에서 왕에게 기름을 발라 축성한다. 즉 기름을 바른다는 건 성스러운 축복을 입는 것을 말한다. 여기에서는 자신의 견해가 완전하기 때문에 자기는 성스러운 축복의 혜택을 입었다고 생각하는 것을 말한다.

111) '그들'이란 폭력적인 사람들을 말한다.

112) 이 경은 아소까(기원전 250년경의 왕)의 바이라트 각문에 나오는 「우빠띠사의 질문」(Upatisa-pasine)과 동일시되는 경전이다. 우빠띠사는 사리뿟따의 속명이다. 이 경전 내용을 보면 초창기 승원이 지어지기 전 거처의 어려움과 수행의 어려움이 그대로 드러나 있다. 이렇게 초창기 비구들은 어려움을 극복하고 굳건히 수행하였다.

113) 보리수 아래서 깨달음을 성취한 바로 그때의 상황을 말하고 있다.

114) 불교에 대한 바른 인식이 필요하다. 부처님은 은둔자가 아니었고, 불교는 세상을 싫어하는 소극적이고 패쇄적인 은둔의 종교가 아니다. 부처님은 깨달음을 이루신 후에 중생에 대한 자비심으로 사람들을 깨우치고 괴로움에서 벗어나게 하셨다. 수행자로서의 수행을 챙기기 위해 조용하고 한적한 곳으로 가는 것

이다. 그런 다음 중생의 이익을 위해 그 수행의 결실을 회향하
는 것이 부처님 제자다운 삶이다.

115) 길을 걸을 때, 특히 탁발할 때의 태도를 말한다. 산만하면 정신이
흐트러지기 때문에 항상 마음집중을 놓치지 않기 위한 것이다.

116) '다섯 가지 티끌'이란 이 게송에 나오는 다섯 가지 감각적 쾌락
의 대상들을 말한다. 다섯 가지 감각기관(눈, 귀, 코, 혀, 몸)이
형상, 소리, 맛, 냄새, 감촉의 대상에 각각 연결되면 쾌락이 일
어나므로 먼지나 티끌처럼 장애물이 된다는 뜻이다.

117) 황소(usabha)는 부처님을 상징한다. 부처님의 성은 고따마
(Gotama)이다. go는 소를 뜻하고 tama는 최상급의 표현이기
때문에, 고따마는 '가장 훌륭한 소'라는 뜻이다. 그래서 힘이 강
하고 유순한 소는 부처님의 상징이다.

118) 질문자들은 모두 처음에는 의혹을 가지고 질문하고 부처님의
진면목을 믿지 못하였다. 그러나 점차적으로 가르침을 들음에
따라 믿음과 신뢰심이 생겨서, 출가하여 수행을 할 정도까지
되었다. 믿음에 의해 의혹을 벗어나는 것이 중요함을 말하고
있다.

일아 (一雅)

일아 스님은 서울여자대학교를 졸업하고 고등학교 교사를 역임하였으며 가톨릭 신학원을 졸업하였다. 조계종 비구니 특별선원 석남사에 법희 스님을 은사스님으로 출가하여 운문승가대학을 졸업하였다. 태국 위백아솜 위빠사나 명상 수도원과 미얀마 마하시 위빠사나 명상 센터에서 2년간 수행하였다.

미국 New York Stony Brook 주립대학교 종교학과를 졸업하였다. University of the West 비교종교학과 대학원을 졸업하였고 동 대학원에서 철학박사 학위를 받았다. LA Lomerica 불교대학 교수, LA 갈릴리 신학대학원 불교학 강사를 지냈다.

박사 논문으로 「빠알리 경전 속에 나타난 부처님의 자비사상」이 있다. 역서에 『한 권으로 읽는 빠알리 경전』, 『빠알리 경전에서 선별한 예경독송집』, 『담마빠다』가 있고 저서에는 『아소까 : 각문과 역사적 연구』, 『우리 모두는 인연입니다』, 『부처님은 어디에서 누구에게 어떻게 가르치셨나 : 빠알리 니까야 통계분석 연구』가 있다.

빠알리 원전 번역

숫따니빠따

ⓒ 일아, 2015

2015년 2월 17일 초판 1쇄 발행
2024년 6월 21일 초판 7쇄 발행

옮긴이 일아
발행인 박상근(至弘) • 편집인 류지호 • 편집이사 양동민
편집 김재호, 양민호, 김소영, 최호승, 하다해, 정유리 • 디자인 쿠담디자인
제작 김명환 • 마케팅 김대현, 김선주, 이선호 • 관리 윤정안
콘텐츠국 유권준, 정승채, 김희준
펴낸 곳 불광출판사 (03169) 서울시 종로구 사직로10길 17 인왕빌딩 301호
　　　대표전화 02) 420-3200 편집부 02) 420-3300 팩시밀리 02) 420-3400
　　　출판등록 제300-2009-130호(1979. 10. 10.)

ISBN 978-89-7479-093-6 (03220)

값 19,000원